TAMARA IGLESIAS

ANSIEDAD EN LA RELACIÓN

Mejore las habilidades de comunicación con su pareja, supere el apego y el miedo al abandono

DESCARGO DE RESPONSABILIDAD ESPECIAL

Toda la información contenida en este libro se proporciona con fines instructivos, informativos y de entretenimiento, el autor afirma que comparte estas recetas de muy buena calidad, pero no se dirige a los datos y usos perfectos de las recetas mencionadas, de hecho, la información no tiene la intención de proporcionar asesoramiento dietético sin una consulta médica.

El autor no asume ninguna responsabilidad por errores, omisiones o interpretación contraria del contenido de este libro.

Se recomienda consultar a un médico antes de abordar cualquier tipo de dieta, sobre todo si tienes una situación de salud particular, el autor no se responsabiliza de estas situaciones y todo queda bajo la responsabilidad del lector, el autor fuertemente recomienda para preservar la salud tomar todas las precauciones para asegurar que los ingredientes estén completamente cocidos.

Todas las marcas registradas y utilizadas en este libro solo se mencionan para aclarar las fuentes de la información y para describir mejor un tema, todas las marcas registradas y mencionadas poseen sus derechos de autor y no están relacionadas de ninguna manera con este documento y con el autor .

Este documento está escrito para aclarar toda la información y los propósitos de la publicación y cubrir cualquier posible problema.

ÍNDICE

INTRODUCCIÓN

La ansiedad es un estado emocional, placentero o desagradable, asociado a un estado de alerta y miedo hacia todo lo que está afuera; en general, es una reacción "exagerada" a la situación real.

Ansiedad: definición y significado

La ansiedad es una emoción caracterizada por sentimientos de tensión, amenaza, preocupación y cambios físicos, como aumento de la presión arterial.

Las personas con trastornos de ansiedad suelen tener pensamientos y preocupaciones recurrentes. Además, pueden evitar ciertas situaciones, como tratar de evadir (o no abordar) las preocupaciones. Los síntomas físicos más comunes de ansiedad son sudoración, temblores, palpitaciones y mareos.

La palabra ansiedad, del latín "angere" que significa "apretar", comunica muy bien la sensación de malestar que experimentan quienes padecen alguno de los trastornos relacionados con su espectro, o la idea de coacción, vergüenza e incertidumbre sobre el futuro. La ansiedad, de hecho, es un estado caracterizado por sentimientos de miedo y preocupación no conectados, al menos aparentemente, a ningún estímulo específico, a diferencia del miedo que presupone un peligro real.

La Asociación Estadounidense de Psiquiatría (1994) lo describe como:

"La aprensiva anticipación de un futuro peligro o evento negativo, acompañada de sentimientos de disforia o síntomas físicos de tensión. Los elementos expuestos a riesgo pueden pertenecer tanto al mundo interno como al externo".

Ansiedad: la historia

Los antiguos griegos lo llamaban melancolía y pensaban que era el resultado de un exceso de bilis negra presente en el cuerpo. Esta idea, apoyada por Hipócrates y aceptada por Aristóteles, fue curiosamente tratada con vino, un remedio natural para los síntomas fisiológicos manifestados. Sólo a partir de la Edad Media se concibió la ansiedad como una enfermedad mental y espiritual, que la religión puede remediar mediante la redención de los pecados del paciente.

Aunque la investigación médico-biológica se desarrollará más adelante, muchos remedios como decocciones, derramamiento de sangre, el uso de opio y piedras preciosas, seguirán desempeñando un papel primordial en el tratamiento de los síntomas de ansiedad entre la población. Solo a partir del 800 en adelante se concibe progresivamente la ansiedad como una enfermedad mental a tratar con fármacos y psicoterapia, para ser entendida etimológicamente como "terapia del alma".

Diferencia entre ansiedad y miedo: distinguirlos y comprender su valor

La ansiedad es diferente del miedo, ya que el miedo es una reacción funcional al enfrentarse a un peligro inmediato, mientras que la ansiedad tiene como objetivo abordar una preocupación sobre la verificabilidad de un evento futuro. Los psicólogos enfatizan este aspecto de "inmediatez" propio del miedo, en contraste con el acto de "anticipación" que caracteriza a la ansiedad. Cabe destacar que la ansiedad y el miedo no son necesariamente sensaciones "malas", sino que por el contrario tienen un papel adaptativo. El miedo, de hecho, es fundamental en la respuesta de "lucha o huida", que nos permite movilizar todos nuestros recursos para afrontar la amenaza o alternativamente huir de ella.

Por esta razón, en las circunstancias adecuadas, una reacción de miedo puede salvar nuestra vida. Asimismo, la ansiedad nos ayuda a identificar amenazas futuras y a protegernos de ellas diseñando escenarios hipotéticos en los que podríamos estar envueltos y, en ese caso, tendríamos que afrontar la situación temida. De hecho, como nos enseña la ley de Yerkes y Dodson (1908), un grado adecuado de ansiedad (no excesivo) nos permite ser más eficientes que cuando estamos tranquilos. Sin embargo, en los seres humanos como también en los animales, la ansiedad suele ir más allá de sus aspectos adaptativos, es decir, útiles a otros no adaptativos, ya que las reacciones ansiosas se generalizan a una serie de situaciones 'neutrales'.

Trastornos de ansiedad: cuando el malestar se vuelve clínicamente relevante

De acuerdo con las indicaciones proporcionadas en el Manual Diagnóstico y Estadístico de los Trastornos Mentales (quinta edición; DSM-5; Asociación Americana de Psiquiatría, 2013), los trastornos de ansiedad se diferencian del miedo, en que la ansiedad en su etapa de desarrollo se caracteriza por ser excesivos o persistentes (por lo general duran 6 meses o más).

Muchos trastornos de ansiedad se desarrollan en la niñez y tienden a persistir cuando no se tratan. La mayoría se encuentran más comúnmente en la población femenina, con una proporción de 2: 1 a los hombres. También debe tenerse en cuenta que, de acuerdo con los criterios del DSM-5, cualquier trastorno de ansiedad se diagnostica solo cuando los síntomas no son atribuibles a los efectos fisiológicos de una sustancia / droga u otra afección médica, o no están mejor explicados por otra enfermedad mental o trastorno.

A continuación, se incluye una breve lista de los trastornos de ansiedad clasificados por el DSM-5 con su prevalencia en la población general:

✓ Trastorno de ansiedad por separación (niños: 4%; adolescentes: 1,6%)
✓ Mutismo selectivo (entre 0,03 - 1%)
✓ Fobia específica (EE.UU .: 7-9%; Europa: alrededor del 6%; países asiáticos, africanos y latinoamericanos: 2-4%)
✓ Trastorno de ansiedad social (fobia social) (EE. UU .: 7%; Europa: 2,3%)

✓ Trastorno de pánico (EE. UU. Y algunos países europeos: 2,3%; países asiáticos, africanos y latinoamericanos: 0,1 - 0,8%)
✓ Agorafobia (1,7%)
✓ Trastorno de ansiedad generalizada (EE. UU .: 2,9%, otros países: 0,4 - 3,6%)
✓ Trastorno de ansiedad inducido por sustancias / fármacos (0,002%)
✓ Trastorno de ansiedad debido a otra afección médica
✓ Trastorno de ansiedad con otra especificación
✓ Trastorno de ansiedad no especificado.

Síntomas de ansiedad

La ansiedad se manifiesta a través de formas fisiológicas:

❖ aumento de la frecuencia cardíaca.
❖ mayor concentración para enfrentar la amenaza.
❖ ataque - escapar.

En detalle, la sintomatología ansiosa, que se manifiesta con mayor severidad en el Trastorno de Pánico, incluye: palpitaciones cardíacas o taquicardia, aumento de la sudoración, temblores finos o grandes, disnea o sensación de asfixia, sensación de asfixia, dolor o malestar en el pecho, náuseas o malestar abdominal, sensación de mareo, aturdimiento o desmayo, escalofríos o sofocos, parestesia (sensación de entumecimiento u hormigueo), desrealización (sensación de irrealidad) o despersonalización (desapegarse de sí mismos), miedo a perder control o "volverse loco" y miedo a morir.

Los síntomas de la ansiedad en cuestión, como se anticipó, aparecen entre los criterios diagnósticos de Trastorno de Pánico en el DSM-5, por lo que no necesariamente se presentan en todos los pacientes que padecen ansiedad y en cualquier caso, pueden declinar de manera diferente según el sujeto en cuestión. Es justo hablar de un ataque de pánico cuando el sujeto experimenta un miedo o malestar repentino e intenso que alcanza su punto máximo en minutos, acompañado de cuatro o más de los síntomas enumerados anteriormente.

Trastorno de ansiedad generalizada

El individuo tiene dificultad para controlar la preocupación y la ansiedad, que se considera excesiva en intensidad, duración o frecuencia con respecto a la realidad, probabilidad o impacto del evento temido, se asocia con tres o más de los siguientes síntomas: inquietud (sentirse tenso, con nervios de la piel), fatiga, dificultad para concentrarse o lapsos de memoria, irritabilidad, tensión muscular y alteraciones del sueño (dificultad para conciliar el sueño o permanecer dormido, o sueño inquieto e insatisfactorio).

Lo que permite trazar una frontera entre patológico y no patológico es la dimensión excesiva de las preocupaciones y el impacto negativo que tienen sobre el funcionamiento psicosocial del individuo. Según la Organización Mundial de la Salud, el 5% de la población mundial, especialmente las mujeres, padece un trastorno de ansiedad generalizada. Sin embargo, solo un tercio de los que la padecen acude a un especialista en salud mental, ya que los síntomas físicos de la ansiedad suelen llevar a los pacientes a acudir a otros profesionales (p. Ej. Médico de cabecera, internista, cardiólogo, neumólogo, gastroenterólogo).

Desorden de ansiedad social

El Trastorno de Ansiedad Social (o Fobia Social), en cambio, se caracteriza por un marcado miedo o ansiedad relacionada con una o más situaciones sociales en las que el individuo se expone al posible examen de los demás.

Lo que realmente teme el individuo es la posibilidad de actuar de tal manera que manifieste sus síntomas de ansiedad, los cuales serán evaluados negativamente (por vergonzoso, humillante, puede conducirlo al rechazo o ser ofendido por los demás). Como en muchos trastornos de ansiedad, las situaciones de ansiedad son evitadas o soportadas con incomodidad por el paciente.

El miedo, la ansiedad y la evitación para diagnosticar la ansiedad social, deben durar más de 6 meses y ser desproporcionados a la amenaza real que representa la situación. Además, los sujetos que la padecen pueden ser poco asertivos o excesivamente sumisos, pueden evitar el contacto visual y hablar en voz baja; también pueden ser tímidos, ser menos abiertos en la conversación y revelar poco sobre sí mismos.

Ansiedad y otras patologías.

Por último, conviene mencionar las patologías que suelen ser comórbidas con los trastornos de ansiedad.

Este término en lenguaje médico y psiquiátrico significa la coexistencia de otra patología, generalmente de diferente origen, durante el curso clínico será considerada. Por ejemplo, podríamos diagnosticar un trastorno de ansiedad comórbido con trastorno por déficit de atención / hiperactividad o TDAH.

Las enfermedades que se asocian con mayor frecuencia a los trastornos de ansiedad son: depresión (especialmente), trastornos bipolares, TDAH, enfermedades respiratorias, cardíacas y gastrointestinales, artritis e hipertensión.

También se ha observado que los pacientes con otras enfermedades comórbidas con trastornos de ansiedad muestran un peor curso del trastorno y una menor calidad de vida que los pacientes afectados únicamente por un trastorno de ansiedad.

Esta información respecto a la comorbilidad de los trastornos de ansiedad es de fundamental importancia, por ejemplo, para establecer qué fármacos utilizar y cuáles no.

Un ejemplo de ello podría ser el uso de ISRS (inhibidores selectivos de la recaptación de serotonina), fármacos que se utilizan a menudo para el tratamiento de la depresión, pero también de los trastornos de ansiedad, en pacientes cardiopáticos; de hecho, estos fármacos se consideran el tratamiento de elección para estos pacientes, dado que los antidepresivos tricíclicos (ATC) son cardiotóxicos.

Tratamiento y cura de la ansiedad.

El tratamiento de la ansiedad en el contexto de las psicoterapias cognitivo-conductuales implica la eliminación o reducción del síntoma, y posteriormente la consecución de una adecuada adaptación del individuo al entorno mediante técnicas conductuales y técnicas de reestructuración cognitiva. El tratamiento de la ansiedad implica la investigación y evaluación de expectativas y esquemas cognitivos habituales y la consecuente búsqueda de esquemas alternativos y más funcionales.

En concreto, en los últimos años se ha dado mucho espacio en este campo tanto a la terapia metacognitiva como a la terapia centrada en la intolerancia a la incertidumbre o terapia cognitiva estándar.

Terapia metacognitiva para el tratamiento de la ansiedad.

El primero se centra en los factores que contribuyen al desarrollo del trastorno, incluidas las creencias negativas sobre la peligrosidad y la incontrolabilidad de la inquietud, las creencias metacognitivas positivas sobre la inquietud como una modalidad de afrontamiento eficaz y algunos aspectos del comportamiento como los intentos de evitar la inquietud y el control de los pensamientos. .

Psicoterapia cognitiva de la ansiedad

El segundo, por otro lado, interviene en la reducción de la ansiedad y la melancolía ayudando a los pacientes a mejorar la capacidad de tolerar, enfrentar y aceptar la inevitable incertidumbre de la vida cotidiana.

ANSIEDAD E INSEGURIDAD EN LAS RELACIONES

Ansiedad en la relación

Profundizando en el tema de la ansiedad en la relación de pareja no nos referiremos a cómo la ansiedad generalizada de uno de los dos compañeros puede afectar a la relación, sino a cómo es esta última, en algunos casos, la que genera un estado ansioso.

La ansiedad es, en términos simples, un estado de alarma. Como todas las demás emociones y sensaciones, tiene una función importante y, originalmente, no negativa.

Es la frecuencia con la que se manifiesta, es su intensidad la que genera esa sensación de malestar, que en ocasiones lo hace incapacitante y requiere la ayuda de un profesional.

Hay personas que comienzan a sentirse en un estado de ansiedad, que perciben como un fuerte estado de malestar, cuando entablan una relación íntima con una pareja estable.

Una de las posibilidades es que esta persona esté viviendo una relación perversa, en la que la manipulación y la violencia psicológica son las maestras, pero también es posible que lleve dentro de sí un bagaje de información, inconscientemente registrado, relativo a la relación, lleno de experiencias de inseguridad.

Advertencia: no estamos describiendo personas incapaces de ejercer su profesión o que no pueden mantener satisfactoriamente las otras áreas de su vida, sino personas en general "que funcionan bien" que han experimentado el cuidado de una manera insatisfactoria de su primer cuidador. En este caso nos referimos a la primera persona de la que dependemos totalmente, es decir, en principio, la madre.

Aunque todas las relaciones importantes (padre, abuelos, hermanos, etc.) entran en escena en la vida psíquica del sujeto, se encontró que el apego madre-hijo es el mayor predictor de futuras relaciones románticas, ya que crea una huella muy profunda en la forma en que el niño se verá a sí mismo en relación con los demás y esperará ser aceptado, amado y comprendido en su singularidad.

Un apego seguro madre-hijo permite al adulto madurar más en contacto con sus propias necesidades y poder hablar de ellas, ya que espera del otro un buen compromiso de comprensión, por lo tanto la aceptación de lo que realmente es.

Un apego inseguro, que puede ser evitativo, ambivalente o desorganizado, implica toda una serie de miedos y comportamientos consecuentes, cuanto más íntima e importante se vuelve la relación con la pareja.

Lo que caracteriza el apego inseguro es un fuerte nivel de ansiedad relacionado con el miedo al abandono.

Esta ansiedad es más evidente si el apego es ambivalente (o temeroso) y lo será menos si es evitativo (o distanciador). Lo que importa es que tendría la tarea de mantener al sujeto en alerta para evitar el abandono, por tanto:

- te obliga a tener expectativas demasiado altas de ti mismo que chocan con la percepción de ti mismo como indigno de amor;
- implica hiperexcitación, es decir, una activación fuerte y constante de los sistemas atencionales, de modo que se está hipervigilante con respecto a todo lo que sucede, en particular a la conducta y pensamientos de la pareja;

- favorece el distanciamiento de las verdaderas necesidades de uno, ya que expresarlas puede llevar al distanciamiento o al rechazo a la comprensión por parte del otro.

Parece claro, por tanto, cómo se puede crear un estado constante de insatisfacción y malestar. En la mayoría de los casos este mecanismo es absolutamente inconsciente, por lo que tendemos a buscar la motivación de esta ansiedad en la situación contingente, que, sin embargo, una vez superada no conduce a la desaparición de los síntomas de ansiedad (que, recordemos, pueden ser tanto psíquicos como físicos).

Seguro que la psicoterapia puede ser decisiva, tanto si decides emprenderla en pareja como de forma individual. Te permite conocer la ansiedad, reconocerla en sus diversos síntomas y comprender lo que está tratando de comunicar.

Este primer paso es fundamental para encontrar métodos más efectivos y menos discapacitantes que conduzcan a una mayor satisfacción y un equilibrio más saludable en la relación de pareja.

5 tipos de ansiedad femenina (y masculina) que puedes experimentar en una relación

Desde la ansiedad por separación hasta la ansiedad por el desempeño, la ansiedad y el amor a menudo se casan, especialmente en las primeras semanas o en momentos de cambio.

¿Alguna vez te has sentido ansioso en el amor? ¿Y te has preguntado alguna vez para qué sirve la ansiedad?

Según Jodi Picoult, escritora estadounidense,

"La ansiedad es como una mecedora: siempre estás en movimiento, pero no das un paso adelante".

De hecho, incluso si se trata de una sensación adaptativa (es decir, capaz de hacernos entender qué hacer), sus efectos son a veces tan desagradables hasta el punto de que esta función queda anulada. La ansiedad, de hecho, nos lleva a actuar sin pasar por el pensamiento y los mismos ansiosos son los primeros en ignorar este sentimiento cuando quiere transmitirnos un mensaje.

De hecho, un sentimiento de ansiedad puede indicar una situación que no nos hace sentir bien, lo que provoca malestar físico o emocional. La conciencia no nos dará automáticamente la solución, pero nos permitirá comprender mejor cómo trabajamos. Vivir continuamente la ansiedad sin darle sentido es un desperdicio de energía inútil: sufrimos y eso no nos ayuda a orientarnos hoy ni a vivir mejor mañana.

Como sentimiento de alerta, la ansiedad en la pareja puede amplificar algunas alarmas correctas y tiende a presentarse en situaciones nuevas o cambiantes. Pero, ¿cuáles son las situaciones de pareja, amor y relación en las que la ansiedad ocurre con mayor frecuencia?

Amor + ansiedad por la primera cita

La ansiedad de la primera cita es causada por 3 preocupaciones básicas y naturales. Sin embargo, también puede causar un gran malentendido al crear un problema mucho mayor para nosotros. El miedo a no estar a la altura, a ser juzgado y rechazado. Estos suelen ser los miedos detrás de esa sensación de agitación o congestión en el estómago durante las primeras citas. Prueba de ello es el hecho de que en momentos de cercanía física, besos y caricias, esta sensación de ansiedad cede, porque nos sentimos confirmados y aceptados.

Estos miedos son también una fuerza impulsora para hacerlo bien y presentarnos aún mejor. Sin embargo, cuando esta ansiedad se vuelve excesiva, absorbe todas nuestras energías y en lugar de poner a nuestra pareja en el centro de nuestro interés, nos ponemos a nosotros mismos y a nuestra agitación bajo control.

El resultado es que perdemos la oportunidad de "vivir" nuestra cita en el sentido real, si nos gusta el otro y si nos gusta cómo se comporta con nosotros, si nos hace sentir bien. Estamos tan preocupados por el placer que asumimos que nos gusta cómo se comporta con nosotros, por la sencilla razón de que ni siquiera lo estamos observando, porque estamos demasiado concentrados en nosotros mismos. La ansiedad por la primera cita, si es excesiva, quita la oportunidad de explorar.

Amor + ansiedad por separación

La ansiedad por separación se considera comúnmente como la dificultad del niño para dejar temporalmente a sus padres para que participen en otras actividades. En estas situaciones, el niño se ve afectado por una cantidad de ansiedad desproporcionada con el nivel de desarrollo y las circunstancias. Aquí, sin embargo, hablaremos de ansiedad por separación para indicar ese estado de angustia que se puede sentir en relación al miedo a ser abandonado, miedo a que la relación se rompa y que la situación no esté bajo control.

Incluso si estamos hablando de adultos, así como en el niño, estas ansiedades no están relacionadas con un peligro real, sino con un miedo a la distancia de la pareja y pueden ser un signo de experiencias pasadas de deficiencias.

Desafortunadamente, sin embargo, quienes sienten esta ansiedad de separación de la pareja pueden terminar poniendo en acción conductas que realmente provoquen la huida de la pareja: celos excesivos, miedo a la traición, peticiones apremiantes, intentos de control. En otras palabras, estos comportamientos pueden hacer que la pareja se sienta asediada y puede llevarlos a considerar aumentar la distancia, como un perro persiguiendo su cola.

En caso de que sea fundamental trabajar la autoestima, entendiendo por qué tenemos tanto miedo al abandono, empezando por plantearnos las preguntas adecuadas. ¿Hemos notado que nos sentimos mal incluso en breves intervalos? ¿Nos dimos una explicación? Parece absurdo, pero confiar es mejor: no confiar no nos protegerá y provocaremos continuamente a la pareja. Y finalmente: aprendemos a estar solos. ¿Somos tan mala compañía de nosotros mismos? ¿Estamos aburridos? ¿Nos sentimos débiles? ¿Estamos bajando? ¡¿Y por qué diablos ?!

Amor + ansiedad por el desempeño

La ansiedad por el desempeño es un tipo de ansiedad capaz de desencadenar tensión precisamente en esos momentos en los que nos gustaría tener el máximo rendimiento: cuando pensamos en la ansiedad por el desempeño pensamos inmediatamente en el desempeño deportivo o sexual. Pero, ¿por qué la ansiedad es enemiga de la sexualidad? Este tema merece una discusión por separado, pero al menos daremos algunas ideas.

La ansiedad tiene un componente autonómico importante: basta pensar en los cambios en nuestro cuerpo cuando estamos agitados: sudamos, nuestro corazón late rápido, nuestras manos tiemblan, a veces nuestra cabeza se marea. Este impacto afecta a todo nuestro cuerpo y si no estamos relajados y dispuestos a soltarnos es fácil que nuestro cuerpo no responda como nos gustaría en la intimidad. Las dificultades relacionadas con la esfera sexual pueden tener múltiples causas, pero especialmente a una edad temprana, los esfuerzos suelen estar conectados a miedos relacionados con el nivel psicológico.

Aunque trivializado y anunciado, el acto sexual conserva todo su carácter sagrado como momento de encuentro con el otro, y nos habla de cómo y cuánto queremos involucrarnos, vincularnos, acercarnos. En este sentido, muchas de las ansiedades y dificultades relacionadas con la esfera sexual, si se estabilizan y se repiten, pueden ser consideradas formas en las que nuestro cuerpo nos transmite una señal, una frontera que hay que explorar mejor incluso con la ayuda de un experto.

Amor + Ansiedad en cambios de pareja

El ciclo de vida de una pareja se compone de momentos de micro y grandes cambios: salir por primera vez, juntarnos, el primer fin de semana solos, las primeras vacaciones, ir a vivir juntos, etc., son todos pasos que vivimos en una forma atractiva. Aunque estos son momentos felices en la vida de una pareja, la posición particular que vivimos durante estas elecciones puede desencadenar importantes dosis de ansiedad.

Los momentos de cambio de la pareja son, de hecho, considerados críticos por los psicólogos por varias razones. Primero, los cambios que afectan a la pareja (enamorarse, mudarse, comprometerse, casarse, mudarse a un nuevo hogar, tener un hijo, etc.) cambian la distancia entre las parejas y las llevan a revisar diferentes aspectos de su vida. .

También cambia la cercanía / distancia de otras personas: padres, amigos, ex parejas y otros miembros importantes de la familia. Pero pensemos en el caso más llamativo que nos permite comprender mejor este aspecto: el nacimiento de un hijo. La llegada de un hijo cambia la relación de pareja de una manera que está arraigada precisamente porque la proximidad - distancia entre la pareja debe revisarse y debe dejar espacio para un hijo, pero al mismo tiempo requiere armonía y complicidad.

Hablamos de estas felices noticias como momentos críticos porque ambos, sin darse cuenta, deben movilizar recursos personales para hacerles frente.

De hecho, cuando cambia el equilibrio de una pareja, lo que ponemos en él también cambia: cambia nuestro grado de libertad o dependencia, el poder que sentimos que tenemos sobre nuestras elecciones, las posibilidades se abren y se cierran, debemos dar espacio a las necesidades de los demás y no dejarnos guiar solo por nuestro egoísmo. Por lo tanto, es importante en esta etapa permanecer enganchados a los hechos y emociones que experimentamos en el aquí y ahora con la pareja, sin quedar atrapados en miedos genéricos o las secuelas de experiencias pasadas.

Amor + Adicción Ansiedad

A menudo llegan a la habitación del psicólogo personas con trastornos de ansiedad que aparecen en momentos particulares de la vida de la pareja, vinculados a fases de mayor implicación o desapego, es decir, fases en las que el distanciamiento del otro y su manejo vuelve a cobrar protagonismo.

¿Qué significa esto? Significa que en ocasiones aparece la ansiedad en esos momentos de la vida de la pareja en los que la adicción, el hecho de que la relación se estreche, la implicación mutua se hace más evidente.

Pero, ¿por qué sucede esto? Una relación importante, capaz de desencadenar fuertes emociones y dar vida a sueños y proyectos, es una realidad que puede desencadenar grandes interrogantes: ¿podré seguir siendo una persona serena, fuerte, independiente o me aplastará? ¿Sabré proteger mis espacios o estaré a merced de mi pareja en poco tiempo con el consecuente sufrimiento y frustración? Es importante poder tolerar cierta cantidad de adicción relacionada con las relaciones, especialmente al enamorarse. Sin embargo, la adicción puede generar importantes dosis de ansiedad en algunas personas que pueden afectar el funcionamiento, pero con las distinciones necesarias. Para algunos de nosotros es solo una ansiedad transitoria, conectada a la historia de amor que vivimos y para otros puede ser el signo de la llamada dependencia emocional.

Ansiedad en la pareja: 3 pensamientos que arruinan la relación

La ansiedad es un problema universal y puede crear problemas graves en muchas áreas de nuestra vida. También tiene un efecto muy negativo en la vida de la pareja, condicionando la relación.

La ansiedad puede dañar el curso normal de nuestras acciones diarias, induciendo ansiedad social, ataques de pánico o ansiedad generalizada.

Pero para comprender mejor lo que sucede en la pareja, ahora hablaremos de cómo la ansiedad puede afectar el funcionamiento regular de la relación.

La mayoría de las veces, creemos que los problemas provienen de una mala comunicación, por lo que algunas relaciones se deterioran y luego se rompen.

Por supuesto que lo es. Pero sobre todo hay que tener presente el pensamiento que se produce en este mecanismo disfuncional, es decir, cómo la forma en que pensamos sobre nuestra pareja destruye la seguridad y la estima de la relación.

Desde aquí tienes que empezar. De hecho, esto conduce a una distorsión comunicativa que puede incluso comprometer la intimidad.

Estamos hablando de pensamientos tóxicos que se derivan de nuestra condición de ansiedad.

Tomar conciencia de este mecanismo de pensamiento destructivo es esencial para hacer que la relación viva. Los problemas surgen cuando la ansiedad se apodera de nosotros y de nuestra forma de pensar. Toda nuestra vida está determinada por una fuerza de equilibrio, una especie de comprensión, de acuerdo con nosotros mismos, donde evaluamos situaciones y elegimos tener ciertas reacciones.

A veces, sin embargo, este tipo de acuerdo con nosotros mismos falla. Entonces, nos convertimos en presa de la ansiedad y proyectamos nuestro malestar en la pareja.

Aunque la ansiedad es un recurso importante, una energía vital, que la naturaleza nos ha proporcionado para afrontar los acontecimientos de la vida. ¡En estos casos, se convierte en un problema!

Sigue siendo energía, pero dañina y dirigida contra nosotros mismos. Ya no se moviliza hacia el exterior, para afrontar las situaciones de la vida.

¡Se vuelve tan poderoso que nos bloquea, nos inmoviliza!

Nos hace formular pensamientos tóxicos que se infiltran en nuestra mente y nos llevan a comprometer la relación.

Estos pensamientos aparecen como una fina corriente de miedo que, a fuerza de fluir, puede crear un abismo sin fondo.

Todas las relaciones están sujetas a estos pensamientos dañinos. Lo importante es no dejar que se apoderen de nosotros.

1. La trampa de los deberes

Tu pensamiento predominante es absolutista, estás convencido de que tu pareja debe satisfacer tus necesidades, simplemente, porque crees que debe conocerlas por sí solo. "Las cosas deben ir absolutamente así" ... "Debe comportarse absolutamente de cierta manera "...

2. Pensamientos catastróficos.

Tiende a exagerar los comportamientos negativos de su pareja; piensas en ellos como "Terribles" ... "Horribles" ... Cuando objetivamente solo serían desagradables o molestos.

3. El mecanismo de la culpa

Suele culpar a su pareja de todos sus males. Lo culpas por cada problema que ha surgido dentro de la pareja.

Aquí, en la base de estos pensamientos tóxicos, hay una fuerte ansiedad personal, que afecta la vida de la pareja. Además, la ansiedad puede ser responsable de fuertes reacciones emocionales, como ser verbal o físicamente agresivo.

Existe una fuerte tensión ansiosa que determina la insatisfacción personal y puede ser fuente de desencadenamiento y mantenimiento de conflictos en la pareja.

Muchos problemas de pareja están relacionados con la ansiedad que lleva al descontento y al aburrimiento, apoderándose de los sentimientos que deben mantener en armonía el vínculo entre ambos.

En consecuencia, surge el sentimiento de soledad, el sentimiento no considerado, desatendido dentro de la relación de pareja. Haciendo balance, estos aspectos tienen un peso fundamental en el equilibrio de la pareja.

Una posible solución

Si está descuidando el autoanálisis, es posible que esté tendiendo a proyectar su ansiedad en la pareja, culpando a su pareja de todo su malestar.

La ansiedad que siente lo empuja a alejarse, evitar y cuestionar sus actitudes, que pueden ser parte del problema.

Sí, ciertamente es más fácil proyectar nuestras dificultades en el otro y atribuirle la culpa de nuestro "sentirnos mal" al otro.

Una posible solución eficaz podría ser empezar a considerar tu malestar como tu dificultad ligada a la ansiedad que sientes y empezar a comprender cuál es tu verdadera necesidad no expresada e insatisfecha.

¿Cuál es tu verdadera necesidad? ¿Qué te estás perdiendo?

Al identificar dentro de ti mismo, las respuestas a estas preguntas. Ciertamente puedes brindarte un gran beneficio a ti mismo y al mismo tiempo en tu relación de pareja.

Puedes comenzar a desenredar el círculo vicioso que se ha creado, comenzando por ti mismo y tratando de resolver el malestar que sientes.

Puedes salir de la ansiedad. Mucha gente lo ha logrado. ¡Tú también puedes hacerlo!

COMPORTAMIENTOS IRRACIONALES CAUSADOS POR LA ANSIEDAD: CONCIENCIA DE LOS ESTADOS DE ANSIEDAD

El trastorno de ansiedad generalizada (TAG) es un trastorno psiquiátrico incluido, en el DSM-5, dentro del capítulo de los trastornos de ansiedad. El TAG se caracteriza por la presencia de síntomas ansiosos (tanto psíquicos como físicos) que no están vinculados a una causa específica sino que de hecho son "generalizados". Quienes padecen trastorno de ansiedad generalizada tienden a estar constantemente en alerta, a preocuparse excesivamente por todo, mostrando una reducción significativa de la calidad de vida a lo largo del tiempo. El tratamiento del TAG generalmente implica terapia psicofarmacológica, psicoterapia o ambas. En general, para combatir la ansiedad, especialmente cuando es muy intensa, es necesario un tratamiento integrado.

Trastorno de ansiedad generalizada

El trastorno de ansiedad generalizada es un trastorno psiquiátrico muy común. Los estudios epidemiológicos en los Estados Unidos han estimado que la prevalencia de por vida del TAG es del 9%.

El trastorno de ansiedad generalizada es un trastorno caracterizado por un estado de ansiedad tendencialmente constante que conduce a preocupaciones desproporcionadas e incongruentes en diferentes áreas de la vida del paciente. En comparación con otros trastornos de ansiedad, como la fobia social o el trastorno de pánico, que a menudo son atribuibles a preocupaciones específicas y circunscritas, en el TAG las preocupaciones no se refieren a un tema específico sino que se extienden a diferentes áreas de la vida del paciente.

Además, los síntomas de ansiedad suelen estar presentes a lo largo del día, para todos los días, y las preocupaciones se relacionan con cuestiones de la vida diaria del paciente como la familia, la situación económica, laboral y de salud personal. Las personas con trastorno de ansiedad generalizada también refieren un estado de preocupación constante por el futuro, junto con un estado de tensión e inquietud generalizada que no pueden controlar.

Síntomas del trastorno de ansiedad generalizada

Los síntomas del trastorno de ansiedad generalizada involucran tanto la esfera psíquica como la somática. Los principales síntomas del trastorno de ansiedad generalizada son:

✓ Inquietud o tensión psíquica constante.
✓ Sensación de vaciamiento constante y fatiga crónica.
✓ Fatiga en la concentración que resulta en memoria reducida.
✓ Fácil nerviosismo e irritabilidad.
✓ Tensión muscular crónica que puede concentrarse en los músculos de las extremidades, cuello y espalda y generar dolor.
✓ Dificultad para dormir que puede traducirse en dificultad para conciliar el sueño, para mantener el sueño o para un sueño inquieto y no reparador.

También pueden aparecer signos y síntomas físicos relacionados con la ansiedad constante, como:

✓ Fatiga
✓ Problemas para dormir
✓ Tension muscular
✓ Temblores
✓ Náuseas, diarrea y síndrome del intestino irritable.
✓ Transpiración
✓ Irritabilidad

Trastorno de ansiedad generalizada y DSM-5

El DSM-5 elaborado por la Asociación Estadounidense de Psiquiatría y publicado en 2013, coloca al trastorno de ansiedad generalizada dentro del capítulo de los trastornos de ansiedad. Según el DSM-5, el TAG se caracteriza por un estado de ansiedad excesiva, que afecta a diversos ámbitos y acontecimientos de la vida cotidiana (como la escuela o el trabajo), y que es de difícil manejo para la persona que lo padece.

Además, existen al menos tres de los siguientes síntomas:

✓ sentirse inquieto, agitado o con nervios en el borde de la piel
✓ sentirse cansado fácilmente
✓ dificultad para concentrarse o lapsos de memoria
✓ irritabilidad
✓ tension muscular
✓ alteraciones del sueño (dificultad para conciliar el sueño o permanecer dormido, o alteraciones del sueño)

El trastorno de ansiedad generalizada se encuentra generalmente en comorbilidad con otros trastornos psiquiátricos. De hecho, es común encontrar una correlación entre el TAG y la depresión, o entre el TAG y el trastorno de pánico u otros trastornos de ansiedad o del estado de ánimo.

Causas del trastorno de ansiedad generalizada

Las causas del trastorno de ansiedad generalizada son diversas y no se comprenden completamente. Como ocurre con muchos trastornos mentales, el TAG también se conoce como un trastorno de génesis multifactorial. Esto significa que las variables psicológicas, biológicas y ambientales relacionadas entre sí pueden causar el trastorno. Desde el punto de vista psicológico, las explicaciones del trastorno de ansiedad generalizada son diferentes según los distintos enfoques teóricos de referencia.

Factores de riesgo

Entre las posibles causas y factores de riesgo del trastorno de ansiedad generalizada encontramos:

✓ experiencias negativas o traumáticas (recientes o pasadas)
✓ exposición prolongada a factores estresantes
✓ enfermedades crónicas e incapacitantes
✓ personalidades evitativas, introvertidas y pesimistas

Además, de los estudios realizados en gemelos se ha observado que la tasa de familiaridad del trastorno de ansiedad generalizada ronda el 20%. Por lo tanto, también existe un componente genético importante que aumenta el riesgo de desarrollar el trastorno.

Tratamiento del trastorno de ansiedad generalizada

El tratamiento del trastorno de ansiedad generalizada incluye generalmente dos posibles vías terapéuticas: psicoterapia y terapia psicofarmacológica.

La terapia psicofarmacológica generalmente la prescribe un psiquiatra e implica el uso de diferentes tipos de fármacos. Entre los fármacos más utilizados para el tratamiento del trastorno de ansiedad generalizada se encuentran los fármacos antidepresivos. De hecho, diferentes categorías de antidepresivos, además de actuar sobre el estado de ánimo, también actúan sobre la ansiedad reduciendo sus síntomas.

Otros fármacos que se utilizan para controlar farmacológicamente la ansiedad son las benzodiazepinas. Las benzodiazepinas han demostrado una buena eficacia en el tratamiento de los síntomas de ansiedad a corto plazo, incluso si son adictivas y tolerantes a largo plazo. Se trata, por tanto, de fármacos eficaces de uso episódico, menos adecuados para un uso prolongado, que, especialmente después de un uso prolongado, deben ser "escalados", es decir, suspendidos gradualmente según la indicación del médico. Las benzodiazepinas se encuentran entre los fármacos psicotrópicos más utilizados (y abusados) y deben utilizarse bajo estricta prescripción médica.

Otros tipos de psicofármacos pueden utilizarse como cura para el trastorno de ansiedad generalizada y es también por este motivo que es necesario consultar a un especialista.

Psicoterapia y tratamiento del trastorno de ansiedad generalizada.

Además de la farmacoterapia, es posible realizar una vía de tratamiento para el trastorno de ansiedad generalizada a través de la psicoterapia. La psicoterapia es un camino recorrido por el paciente junto con el psicoterapeuta que tiene como objetivo curar el trastorno de ansiedad generalizada a través de la relación terapéutica, la comparación, el análisis de experiencias psíquicas y la aplicación de técnicas específicas.

Existen varios modelos de psicoterapia de los que derivan las técnicas de intervención empleadas. Recordemos los psicodinámicos-psicoanalíticos (que generalmente interpretan el sufrimiento como manifestación de conflictos y pulsiones inconscientes), los cognitivo-conductuales y más específicamente conductistas. Además, la psicoterapia puede ser individual o grupal.

En el tratamiento del trastorno de ansiedad generalizada también se utilizan numerosas técnicas para inducir un estado de relajación en el paciente. Entre estas técnicas recordamos la relajación muscular progresiva de Jacobson y el entrenamiento autógeno. Estas técnicas, una vez aprendidas, pueden ser utilizadas por el paciente de forma independiente.

11 señales que ayudan a reconocer el trastorno de ansiedad

Todos podemos estar nerviosos o ansiosos, por ejemplo, cuando hablamos en público o cuando atravesamos dificultades financieras.

Para algunas personas, sin embargo, la ansiedad puede volverse tan frecuente y tan fuerte que comienza a molestarles la vida.

No es fácil saber si en un día aparentemente normal puedes sufrir ansiedad. La ansiedad, de hecho, se presenta de diferentes formas (ataques de pánico, fobias, ansiedad social, etc.) y la distinción entre un diagnóstico oficial y una ansiedad "normal" no siempre es muy clara.

Sin embargo, si tiene alguno de estos síntomas, debe buscar ayuda.

1. Preocuparse demasiado

El sello distintivo del trastorno de ansiedad generalizada es el tipo más amplio de ansiedad y preocuparse demasiado por las cosas del día a día. La distinción entre el trastorno y la ansiedad normal radica en las emociones que están provocando un gran malestar y disfunción.

2. Problemas para dormir

La dificultad para conciliar el sueño o permanecer dormido está asociada con una amplia gama de condiciones de salud, tanto físicas como psicológicas. Y, por supuesto, no es raro estar bajo tensión antes de una entrevista de trabajo importante. Sin embargo, si a menudo está despierto y preocupado o agitado por problemas específicos (como los financieros), o algo en particular, puede ser un signo de trastorno de ansiedad.

Según algunas estimaciones, la mitad de las personas que padecen ansiedad experimentan problemas de alteración generalizada durante el sueño.

3. Miedos irracionales

Algunos casos de ansiedad no están muy extendidos, al contrario, están relacionados con una situación o cosa, como animales o multitudes. Si el miedo se vuelve abrumador, perturbador y desproporcionado con respecto a un riesgo real, entonces es un signo de fobia. Aunque las fobias son incapacitantes, no son evidentes en todo momento. De hecho, no pueden salir a la luz hasta que te encuentres en una situación particular y descubras que no puedes vencer el miedo.

4. Tension muscular

La tensión muscular casi constante, como la acción de apretar la mandíbula, tensar los puños o flexionar los músculos de todo el cuerpo, suele acompañar a los trastornos de ansiedad.

5. Indigestion crónica

La ansiedad puede comenzar en la mente, pero a menudo se manifiesta en el cuerpo a través de síntomas físicos, como problemas digestivos crónicos.

El síndrome del intestino irritable, una condición caracterizada por dolor de estómago, calambres, distensión abdominal, gases, estreñimiento y / o diarrea, es básicamente un tipo de ansiedad del tracto digestivo, aunque no siempre se asocia con ansiedad, sin embargo, a menudo pueden ocurrir juntas y peor.

6. Miedo a hablar en público

La mayoría de las personas, antes de enfrentarse a un grupo de personas o ser el centro de atención, tienen una sensación de frío en el vientre.

Las personas con ansiedad social tienden a preocuparse durante días o semanas antes de un evento o situación en particular. Y si puedes lidiar con la situación, tiendes a sentirte profundamente incómodo y pensar en ser juzgado por los demás.

7. Autoconocimiento

En estas situaciones, las personas con trastorno de ansiedad social tienden a sentir que todos los ojos están puestos en ellas y, a menudo, se sonrojan, se inquietan, sienten náuseas, sudan o tienen dificultad para hablar.

8. Pánico

Los ataques de pánico pueden dar miedo.

Imagine una repentina sensación de miedo extremo que puede durar varios minutos, seguida de síntomas físicos aterradores, como opresión en el pecho, garganta, palpitaciones, manos frías, mareos, debilidad, dolor de estómago y de pecho.

9. Escena retrospectiva

Revivir un evento traumático (como la muerte súbita de un ser querido) es un sello distintivo de un trastorno de estrés postraumático, que comparte algunas características con el trastorno de ansiedad.

El flashback también puede ocurrir en otros tipos de ansiedad, como las de tipo postraumático.

10. Perfeccionismo

La mentalidad obsesiva, conocida como perfeccionismo, va de la mano con los trastornos de ansiedad. Si constantemente tiende a juzgarse a sí mismo o sufre de ansiedad anticipada por estar equivocado o no estar a la altura de sus estándares, entonces probablemente tenga un trastorno de ansiedad.

Este trastorno también le puede pasar a quienes no salen de casa porque necesariamente deben tener un maquillaje impecable.

11. Comportamiento compulsivo

Para ser diagnosticado con trastorno obsesivo compulsivo, los pensamientos, obsesivos e intrusivos, deben ir acompañados de conductas compulsivas, tanto mentales (decir que todo irá bien varias veces) como físicas (lavarse las manos, enderezar objetos, etc.).

Los pensamientos obsesivos y los comportamientos compulsivos se convierten en ansiedad cuando la necesidad de terminar con el comportamiento, también conocido como ritual, comienza a controlar la vida. Por ejemplo, si le gusta la radio en el volumen 3, se rompe y se detiene en el volumen 4, ¿podría entrar en pánico al mirar la radio?

Ataques de ira (rabietas)

La ira es una emoción básica, evolutivamente dirigida a defenderse para sobrevivir y con una función fundamentalmente adaptativa.

Puede volverse disfuncional o problemático cuando los ataques de ira (también llamados berrinches) comprometen las relaciones o la calidad de vida, o crean sufrimiento al incitarlo a tomar acciones dañinas hacia usted mismo o hacia los demás.

Aunque los ataques de ira son un problema muy común en nuestra vida, este aspecto es poco explorado en comparación con la ansiedad y la depresión.

Las diversas manifestaciones de los ataques de ira se extienden desde la familia al lugar de trabajo, a las relaciones en general y al entorno terapéutico clínico.

Esto ha llevado a muchos académicos a desarrollar herramientas de evaluación de la ira, especialmente cuestionarios de autoinforme a medida que crece el interés en esta emoción y a hacer que las intervenciones de regulación emocional destinadas a contener los arrebatos sean más específicas.

La ira se ha definido de muchas formas según los diferentes aspectos enfatizados. Existe un amplio consenso en que los sentimientos de ira se consideran comúnmente "incorrectos" y van acompañados de acciones para contrarrestar o remediar esos episodios de ira.

En general, la ira se caracterizó en términos de patrones psicofisiológicos y activación facial. Aunque se puede considerar que tiene algunos efectos beneficiosos, como el papel de movilizar recursos psicológicos, estimular el comportamiento y proteger la autoestima, generalmente se lo considera por su valor emocional negativo con consecuencias potencialmente dañinas.

Los arrebatos de ira, cuando están mal regulados, constituyen angustia psicofísica. El término hostilidad se reserva más específicamente para definir episodios recurrentes de ira o una propensión general a la ira.

Se considera el resultado de un sesgo de actitud o un patrón cognitivo de fuerte desaprobación de los demás o similar a un rasgo de personalidad.

La agresión, por otro lado, se define en psicología social como un comportamiento destinado a dañar o lesionar psicológica o físicamente.

Finalmente, la violencia es un subtipo de agresión física en la que el daño se materializa efectivamente.

La ira también se identifica comúnmente como el antecedente más significativo de agresión y ataque. Por lo tanto, una de las principales razones para tratar los ataques de ira es reducir el riesgo de participar en comportamientos violentos o agresivos.

Una serie de metaanálisis sobre la eficacia de los tratamientos para el manejo de la ira han mostrado resultados lo suficientemente positivos como para producir cambios clínicos confiables.

A pesar de esto, existen grupos de pacientes con problemas de ira que parecen bastante difíciles de tratar. Por ejemplo, hay pruebas limitadas para respaldar los tratamientos de manejo de la ira para delincuentes violentos, tal vez porque en este caso puede haber problemas asociados como abuso de sustancias, trastornos de la personalidad, dificultades familiares o trastornos psicopatológicos que interfieren con el progreso del tratamiento.

Un libro reciente ha analizado las formas en que el trauma psicológico afecta la frecuencia de los ataques de ira, el tratamiento correspondiente y las estrategias implementadas especialmente en quienes experimentan un tipo de ira problemática relacionada con historias traumáticas.

Existe evidencia que muestra una asociación entre los síntomas del trauma y la ira desregulada, pero no existen tratamientos para el manejo de la ira que aborden directamente las experiencias traumáticas.

Los métodos cognitivo-conductuales para manejar los ataques de ira incluyen módulos o sesiones de tratamiento. Implican investigar e identificar la naturaleza del problema, los eventos desencadenantes y los factores de estrés contextuales, así como cambiar los patrones disfuncionales y las inferencias cognitivas causales.

La intervención puede incluir un aumento de habilidades como la mejora de las respuestas de afrontamiento, el control de la activación fisiológica, la prevención de la escalada del ataque de ira y el refuerzo del compromiso de cambio.

Las intervenciones más recientes, por su parte, consideran los déficits relacionados con el procesamiento de la información social como un elemento importante sobre el que dirigir el tratamiento de los arrebatos, en particular en relación con la capacidad del agresor para tomar la perspectiva de la víctima.

Esto incluye, por ejemplo, examinar cómo responde la persona a las provocaciones percibidas, tanto en el momento del evento (juicios sobre quién fue responsable o culpable) como después (por ejemplo, cavilaciones sobre disputas legales que intensifican la experiencia emocional).

Una parte importante del proyecto concierne a los eventos que actúan como desencadenantes de los ataques de ira, que podrían ser malinterpretados como amenazantes y maliciosos, y en ese sentido las manifestaciones de ira desreguladas podrían ser contraproducentes.

El concepto de trauma puede describirse como un shock emocional que resulta de eventos particulares que llevan a la persona traumatizada a sentirse anestesiada, asustada, vulnerable y aislada. El trastorno por estrés postraumático (TEPT) es un diagnóstico psiquiátrico que involucra angustia psicológica, desencadenada por la exposición al evento traumático, en el que el individuo percibe una amenaza a su seguridad o integridad física propia o ajena y en el que experimenta miedo, desamparo o terror.

El trastorno se caracteriza por recuerdos intrusivos sobre la experiencia traumática, en forma de "flashbacks" o pesadillas, evitación de estímulos que desencadenan estos recuerdos, anestesia emocional y síntomas de hiperexcitación como impulsividad, insomnio, irritabilidad y ataques de ira.

Aunque la investigación ha identificado históricamente el miedo como una emoción que caracteriza al trastorno, en los últimos años se ha prestado una atención significativa a la ira como una emoción clave asociada con la hiperactivación.

Este análisis también informó que, en promedio, la fuerza de la asociación entre los ataques de ira y el PTSD aumenta especialmente en los primeros meses después de la exposición al evento traumático, antes de disminuir lentamente con el tiempo.

Un grupo de personas para el que el enojo por desajuste parece ser particularmente problemático son aquellos que han experimentado lo que se denomina "trastorno de estrés postraumático complejo", o trastornos de estrés extremo no especificados de otra manera.

El término trastorno de estrés postraumático complejo se usa comúnmente para aquellos que han experimentado una exposición temprana, prolongada y repetida a un trauma, por ejemplo caracterizado por experiencias como tortura, abuso sexual, violencia doméstica, exposición crónica a confrontación y conflicto, y privaciones sociales severas.

Existen numerosos estudios que intentan explicar la asociación entre la experiencia traumática y los ataques de ira. Para algunos autores, habría una teoría de la regulación de la ira según la cual, durante la exposición al estrés, la ira activaría comportamientos de ataque o supervivencia, suprimiría los sentimientos de impotencia y probablemente permitiría al individuo ganar una sensación de control sobre la situación.

Los individuos traumatizados pueden desarrollar una propensión a percibir situaciones como amenazantes, y la percepción de amenaza activaría un modo de supervivencia biológicamente predispuesto que incluye reacciones de miedo y huida o ataques de ira y agresión. Entonces serían más o menos capaces de regular los ataques de ira y, en consecuencia, es más probable que experimenten esta forma problemática de ira y actúen de forma agresiva.

Otros estudiosos sugieren que el miedo es esencialmente una emoción prospectiva, que crece durante el evento y se activa con respecto a posibles daños futuros, mientras que otras emociones como la ira y la culpa pueden considerarse emociones retrospectivas, que crecen ampliamente después de las evaluaciones posteriores. -trauma del suceso y sus consecuencias.

Esta hipótesis está respaldada por estudios que muestran que los arrebatos aumentan gradualmente después del evento traumático, mientras que el miedo tiende a disminuir.

En la literatura hay algunos autores que se apoyan en teorías de la valoración para comprender cómo la valoración del significado de la experiencia determina la emoción consecuente. El tema relacional nuclear de la ira que se analiza principalmente sería "la culpa o la culpa de los demás".

Aplicando esta hipótesis a la experiencia del trauma, se ha sugerido que la ira problemática es más probable que ocurra cuando se responsabiliza a otra persona por el evento traumático.

Sin embargo, la investigación sugiere que los programas de manejo de la ira también deben considerar las calificaciones de "autoculparse" como particularmente relevantes para aquellos con síntomas de trastorno postraumático.

Finalmente, para muchos de los que han sido traumatizados, es posible que los arrebatos de ira y los ataques de ira estén realmente asociados con un control excesivo patológico (inhibición de la expresión) de la ira y, como tal, el tratamiento debería abordar la acumulación. Frustración y percepción de la injusticia (relacionada tanto con el hecho traumático como con las "molestias" diarias) de tal manera que se desarrollen las habilidades expresivas emocionales adecuadas.

Dyer y col. (2009) identificaron en estudios de trauma complejos que "las alteraciones en la autopercepción" serían una correlación significativa de ira, agresión, evitación e hiperactivación.

El término "alteraciones en la autopercepción" se utiliza para referirse a sentimientos de vergüenza, ineficacia, culpa, responsabilidad, aislamiento y una sensación de daño permanente, lo que lleva a Dyer y sus colegas a concluir que la "vergüenza postraumática" podría influir; significativo tanto en arrebatos de ira como en agresión en individuos traumatizados.

Por lo tanto, cuantos mayores sean las evaluaciones negativas globales de sí mismos después del trauma, más contribuirá a la ira de desadaptación. Esto ofrece una explicación evolutiva de cómo los eventos históricos (como el abuso o la negligencia) pueden, al menos para algunas personas, conducir al desarrollo de rasgos de personalidad estables, así como a altos niveles de expresividad de la ira o un umbral reducido de expresión de la misma.

La ira problemática (altos niveles de rasgo de ira, expresión de ira y bajos niveles de control de la ira) se ha asociado con efectos a largo plazo más que agudos del trauma, que se reflejan en dificultades a veces relacionadas con un sentido inadecuado de uno mismo.

Identidad personal y propia

El PTSD y el trastorno de ansiedad social generalmente ocurren en comorbilidades, y existen varias razones posibles por las que las personas con PTSD, en comparación con aquellas que no tienen este diagnóstico, tienen un mayor riesgo de desarrollar miedos relacionados con situaciones sociales.

Un estudio reciente (2016) encontró que los sujetos con ambos diagnósticos, en comparación con aquellos que solo tienen PTSD o solo trastorno de ansiedad social, informaron haber experimentado tipos específicos de violencia, agresión, abuso infantil y otros eventos traumáticos. Las personas diagnosticadas con ambos trastornos informaron haber estado expuestas a tipos específicos de eventos traumáticos a lo largo de sus vidas.

Otro estudio (2017) mostró que las personas con ambos diagnósticos tenían un mayor riesgo de intentos de suicidio y niveles de calidad de vida significativamente más bajos tanto física como mentalmente. Estos pacientes podrían beneficiarse de intervenciones tempranas para reducir la angustia social y mejorar la red de apoyo antes de recibir tratamientos psicoterapéuticos más intensos.

¿Qué es el trastorno de ansiedad social?

El trastorno de ansiedad social, también llamado fobia social, pertenece a la categoría de trastornos de ansiedad.

Para ser diagnosticado con trastorno de ansiedad social (APA, 2013), el individuo debe tener un miedo frecuente y continuo a situaciones sociales o situaciones en las que de alguna manera se espera su desempeño. En tales contextos, uno puede entrar en contacto con personas desconocidas o exponerse a la posibilidad de que otros lo juzguen.

También puede experimentar miedo a estar ansioso o actuar de maneras que podrían ser vergonzosas o humillantes. Además, el contacto inminente con la situación temida casi siempre provoca ansiedad, que a veces puede tomar la forma de un ataque de pánico.

El sujeto reconoce que el miedo que está sintiendo ante situaciones sociales es irrazonable o mayor de lo que debería ser, sin embargo sigue evitando todas las situaciones que lo desencadenan. Si no puede evitarlos, los enfrenta con altos niveles de ansiedad e incomodidad.

Estos síntomas interfieren significativamente con muchos aspectos de la vida (trabajo, relaciones, etc.) y no se deben a una condición médica, uso de sustancias u otra dolencia.

Por qué están relacionados el trastorno de estrés postraumático y el trastorno de ansiedad social

Muchas personas con trastorno de estrés postraumático experimentan altos niveles de vergüenza, culpa y autocrítica, y estos sentimientos pueden provocar un trastorno de ansiedad social. Además, existe alguna evidencia de que el trastorno de ansiedad social en personas con TEPT es el resultado de la depresión.

La investigación, en general, sugiere que el vínculo entre el trastorno de estrés postraumático y el trastorno de ansiedad social es complejo y se deriva de una serie de factores, incluida la composición genética, la historia traumática y las vulnerabilidades psicológicas, como el miedo a ser evaluado negativamente por otros.

Tratamiento del trastorno de ansiedad social

Uno de los objetivos centrales de la terapia cognitivo-conductual para el trastorno de ansiedad social (2018) es la identificación de creencias irracionales y modalidades cognitivas distorsionadas y su reemplazo por pensamientos más realistas.

Estos son algunos de los objetivos a perseguir en el tratamiento del trastorno de ansiedad social:

- Corregir las percepciones distorsionadas sobre las propias habilidades, el valor de uno y las percepciones de los demás.
- Descentralizar la percepción de estar en el centro del espacio mental de los demás.
- Manejar la culpa, la vergüenza o la ira por situaciones pasadas
- Incrementar la asertividad.
- Contrarresta la tendencia al perfeccionismo y sé más realista.
- Hacer frente a la procrastinación relacionada con la ansiedad social.
- Aplicar Mindfulness para aprender a vivir en el presente en lugar de quedar atrapado por las propias interpretaciones negativas del futuro.

Exposición graduada: Aprender a reducir la ansiedad colocándose en situaciones de ansiedad mientras aplica técnicas cognitivas y habilidades de Mindfulness. Empezamos a afrontar situaciones que desencadenan un nivel mínimo de ansiedad y, una vez dominadas, pasamos a las situaciones más ansiosas. De esta manera, avanza a su propio ritmo sin sentirse abrumado.

Los 4 tipos de trauma y las situaciones que pueden ocasionarlos

Después de un trauma, el mundo puede dejar de parecer un lugar estable para sentirse protegido. De los 4 tipos, el trauma inducido por eventos en primera persona es el principal.

Trauma, estrés postraumático

Afortunadamente, pocos de nosotros hemos estado involucrados en accidentes de tránsito o asaltos graves, y aún menos hemos experimentado los efectos devastadores de un terremoto. En nuestra parte del mundo, pacificada durante décadas, la palabra "guerra" ha adquirido ahora una consistencia abstracta, como si definiera algo que puede suceder, sí, pero en otros lugares.

En condiciones "normales", el ser humano se acostumbra a considerar el mundo como un lugar seguro. Y sobre todo, de hecho, lo es.

Los terribles hechos de los que nos llegan noticias todos los días casi siempre tienen lugar en lugares lejanos o se refieren a personas desconocidas. Por tanto, parecen más historias que hechos reales. Y las historias no tienen el poder de socavar las certezas.

Una experiencia traumática, por otro lado, puede cambiarlo todo. Después de un trauma, el mundo puede dejar de parecer un lugar seguro para sentirse protegido.

En última instancia, es este cambio de perspectiva lo que pone la vida patas arriba. La ansiedad, la depresión, la ira y la sensación de impotencia son consecuencias de la pérdida de confianza en uno mismo y en los demás.

Síntomas de shock y trastorno de estrés postraumático

En el trauma, las alteraciones transitorias en la actividad del Sistema Nervioso Central son la norma: los "nervios en el borde de la piel" los shocks son el efecto más evidente. El sistema endocrino también puede verse afectado y es por ello que las defensas inmunitarias de muchas personas traumatizadas colapsan.

El aturdimiento y la desrealización han sido condiciones postraumáticas normales y pueden ir acompañadas de desorientación y confusión, entumecimiento emocional, hiperactividad o, por el contrario, inercia.

Afortunadamente, sin embargo, el cerebro humano es capaz de "asimilar" incluso las peores experiencias y reorganizarse en consecuencia. Por lo tanto, estas suelen ser solo reacciones iniciales.

Si, por otro lado, esto no es suficiente, el trastorno de estrés postraumático (TEPT) es uno de los posibles resultados.

Entre los muchos síntomas del trastorno de estrés postraumático se encuentran los recuerdos recurrentes e intrusivos de lo que sucedió. Con esto queremos decir que ocurren con frecuencia, sin que el individuo haga ningún esfuerzo activo o incluso en contra de su voluntad. Un trabajador que sobrevivió a un incendio en una fábrica, por ejemplo, aún puede tener flashbacks meses después en los que parece oler el mismo olor a quemado de esos terribles momentos; una niña que ha escapado de un ataque puede "oír" la voz de su torturador; un empleado de banco víctima de un robo a mano armada puede parecer ver, en la penumbra de su apartamento, formas humanas con rostros indistinguibles, como si estuvieran cubiertos por un pasamontaña.

La ansiedad y el miedo debido a estos recuerdos pueden ocurrir al entrar en contacto con circunstancias directa o indirectamente relacionadas con el episodio traumático, por ejemplo, al regresar al lugar donde ocurrió, hablar de él o incluso simplemente revivir la escena con los ojos abiertos. O durante el sueño, con sueños tan vívidos que se alteran.

Muchos de los que han tenido un trauma viven en continuo estado de vigilancia como si, en cualquier momento, pudiera volver a ocurrir algo impredecible o incontrolable. Se vuelven tan hipersensibles a los sonidos que saltan cuando suena el teléfono o cuando alguien los llama desde atrás. Necesitan un silencio absoluto para conciliar el sueño y despiertan al menor ruido.

A menudo intentan reprimir recuerdos, pensamientos y emociones tomando medicamentos sedantes y ansiolíticos, bebiendo en exceso o, al menos, tratando de distraerse. Y su mayor deseo sería no sentir nada más, aunque casi siempre son conscientes de que esto, al fin y al cabo, no es una solución real.

Otros hacen todo lo posible para mantenerse alejados de personas y situaciones que podrían traerles sensaciones desagradables o ponerlos en posición de sufrir otro trauma.

Un motociclista que sobreviviera a un grave accidente de tráfico podría dejar de conducir; una empleada de supermercado víctima de un robo podría renunciar a su trabajo por no tener que volver a trabajar; una niña que ha sobrevivido a una violación puede evitar tener relaciones íntimas con el sexo opuesto.

La desconfianza en los demás es una consecuencia típica, en particular, de los traumas de agresión, especialmente los que se repiten o sufren a una edad temprana. Además, eventos como estos pueden inducir sentimientos de culpa. Las víctimas de abuso sexual a menudo se sienten avergonzadas de lo sucedido, luchan por hablar de ello y reflexionan sobre cualquier responsabilidad que puedan tener en alentar al agresor o, al menos, en no ser lo suficientemente fuertes para detenerlo.

Un episodio se define como traumático cuando es lo suficientemente impresionante como para alterar la percepción de uno mismo o del mundo: un accidente automovilístico puede llevar a creer que las calles son un lugar donde la propia seguridad está en riesgo en cualquier momento; el abuso sexual puede convencer a todo el género masculino de que es una amenaza; un terremoto desastroso puede dar lugar a la certeza de que nunca podrá sentirse seguro en el interior de un edificio.

Un evento que pone en peligro la vida puede ser tan traumático como uno que coloca al individuo en una condición subjetiva de vulnerabilidad.

Y no hace falta ser protagonista del evento. De los cuatro tipos de trauma que se enumeran a continuación, de hecho, el inducido por eventos experimentados en primera persona es solo uno.

TIPO 1

Trauma provocado por episodios vividos en primera persona, es decir, los derivados de la exposición a circunstancias en las que la víctima también es protagonista, entre ellos:

✓ Ser robado
✓ Ser víctima de agresión física
✓ Someterse a un intento de violación o una violación
✓ Sufrir contacto físico sexual, verbal o no deseado
✓ Ser secuestrado o tomado como rehén
✓ Ser intimidado o humillado públicamente
✓ Sobrevivir a una masacre, por ejemplo a un ataque terrorista.
✓ Vivir en zonas de guerra o ser prisioneros de guerra
✓ Estar involucrado en un accidente de tráfico
✓ Sufrir una lesión grave durante el ejercicio o el trabajo.
✓ Sufrir de shock anafiláctico u otros efectos inesperados de tratamientos médicos.
✓ Despertar durante la cirugía
✓ Estar involucrado en un incendio, una explosión, el colapso de una casa
✓ Estar involucrado en desastres naturales, por ejemplo, un tsunami o un terremoto
✓ Ser atacado por animales salvajes o domésticos.

TIPO 2

Trauma provocado por episodios vividos como espectadores, cuando ocurrieron. El trauma también puede ser provocado por circunstancias de las que uno solo ha sido testigo. Los más comunes son:

✓ Ser testigo de acoso sexual, intento de violación o violación
✓ Ser testigos de agresiones físicas contra terceros.
✓ Sea testigo de una muerte violenta
✓ Ver un hurto, atraco o secuestro sufrido por otros
✓ Sea testigo de un ataque terrorista sin involucrarse
✓ Asistir a un accidente de carretera, deportivo o laboral
✓ Asistir a un gran incendio o explosión
✓ Ser testigo de un episodio de intimidación o humillación infligido a otros

TIPO 3

Trauma provocado por episodios vividos como espectadores, en los momentos posteriores al hecho. Los médicos, enfermeras, trabajadores de primeros auxilios, agentes del orden como investigadores, carabineros y policías corren un riesgo particular de sufrir estos traumas, a menudo causados por una de las siguientes circunstancias:

✓ Rescatar a las víctimas de un incendio o una explosión.
✓ Brindar ayuda a las víctimas de desastres naturales, como un terremoto
✓ Rescatar a víctimas de agresión o violación

✓ Exponerse a los detalles de un delito violento, por ejemplo, durante una investigación policial.
✓ Estar en la escena de un crimen después de un asesinato, un tiroteo o una masacre
✓ Estar en la escena de un accidente automovilístico grave después del accidente
✓ Asiste a escenas impresionantes de particular realismo, en la televisión o en la web.

TIPO 4

Trauma causado por incidentes que no ha presenciado. Estos traumas son los únicos que se producen en ausencia de exposición al evento o sus consecuencias directas. Los episodios que pueden provocarlos suelen incluir agresiones físicas, muertes violentas, accidentes graves denunciados por terceros y que involucran a conocidos cercanos o familiares. Muchos pacientes tienen recuerdos vívidos de la habitación en la que se encontraban en el momento en que se enteraron de la muerte de su padre, hijo o pareja o tienen flashbacks, semanas o meses después, donde todavía escuchan la voz del oficial de policía o el médico que les da él la noticia.

TEPT en niños, adolescentes y adultos

La expresión del trauma varía según el carácter y la edad. Muchos niños muestran los efectos de las conductas de retraimiento social: son reacios a interactuar con sus compañeros, a juegos grupales o a explorar nuevos entornos, dando la falsa impresión de estar solos, pasivos o tímidos. Sus dibujos a menudo tienen huellas evidentes de lo sucedido.

Otros tienen arrebatos de ira y, en determinadas circunstancias, actúan de forma agresiva; reacciones que, casi siempre, esconden tensiones y temores de no poder mediar de otra forma.

Después de un trauma, muchos adolescentes, por otro lado, se vuelven menos proactivos y emprendedores al asistir al sexo opuesto o aprovechar las oportunidades de capacitación; menos seguro, motivado y tenaz para comprometerse con proyectos a largo plazo.

Otros pueden exhibir comportamientos de riesgo como la búsqueda de emociones fuertes y el uso de drogas, actos suicidas o parasuicidas, incluidas quemaduras y cortes autoinfligidos.

El trauma de los adultos, finalmente, se expresa más con insomnio, tensión y evitación. Sin embargo, el peor resultado es la depresión, que se refleja en la llamada tríada de Beck. Muchos de ellos se culpan y se culpan a sí mismos por ser frágiles, culpan a otros motivos ocultos, la falta de confianza y la indiferencia, consideran la vida como una secuencia de sufrimiento y el futuro de un problema irresoluble. El trauma cambia su percepción de la realidad o, mejor, el sentido que le atribuyen.

Conmocionados por la experiencia, sienten que ya no son capaces de establecer un verdadero contacto con el resto del mundo, pierden el interés por las actividades cotidianas y la capacidad de disfrutar de los afectos familiares, las amistades o el trabajo.

La mayoría de las personas que desarrollan PTSD experimentan síntomas dentro de los 3 meses, aunque el problema puede aparecer años después.

Existen posibilidades concretas de remisión espontánea del trastorno, que ocurren en aproximadamente el 50% de los casos, en promedio dentro de los 90 días desde el inicio del problema.

La sintomatología de la mitad restante de los pacientes, en cambio, en ausencia de tratamiento dura más de 3 meses y, en ocasiones, es crónica. Se han observado síntomas de PTSD en varios grupos de veteranos de la Segunda Guerra Mundial y de la Guerra de Vietnam durante un período de hasta 50 años y también se dispone de datos similares sobre las víctimas de abuso sexual, especialmente las sufridas en la infancia.

El curso del PTSD puede ser volátil, con periodos de remisión parcial o total de los síntomas alternando con otros en los que reaparecen, por ejemplo en las inmediaciones de recurrencias o eventos estresantes como la separación, el despido o el duelo.

La ansiedad, los recuerdos y los flashbacks pueden volver a la vida incluso cuando se encuentra en contacto con circunstancias que de alguna manera están relacionadas con el trauma. Un sobreviviente de un accidente automovilístico grave, por ejemplo, puede tenerlos cuando decida volver a conducir.

Una víctima de violación puede sentirse vulnerable cuando está a solas con un hombre. Una persona que sobrevivió a un terremoto puede revivir los mismos sentimientos años más tarde cuando la tierra tiemble nuevamente.

Trastorno de pánico y agorafobia

Marco del trastorno de pánico

El trastorno de pánico es una patología psiquiátrica en la que las reacciones de miedo intenso, deseo de escapar, angustia y temor por la propia seguridad, típicamente experimentadas con motivo de situaciones catastróficas o realmente peligrosas, son desencadenadas por eventos y circunstancias absolutamente inofensivas y percibidas como tales por la mayoría de la gente, tomando la forma de un verdadero "ataque de pánico".

El ataque de pánico también se puede desencadenar mientras se está sentado tranquilamente en un sillón leyendo o viendo la televisión, o incluso mientras duerme, con manifestaciones tanto psicológicas como físicas.

El trastorno de pánico puede comenzar en cualquier momento de la vida (pero más a menudo entre los 20 y los 30 años) de repente y en las circunstancias más insospechadas, mientras se está produciendo una acción absolutamente trivial que nunca antes había creado problemas. Generalmente, el mínimo común denominador de situaciones críticas consiste en encontrarse en lugares de los que es difícil escapar (en el habitáculo del coche mientras se conduce solo, en el ascensor, en un ferry, en el metro, etc.) o en que uno no podría ser rescatado en caso de enfermedad (por ejemplo, en una multitud o solo en lugares aislados).

El trastorno de pánico puede manifestarse con ataques de pánico solos o en asociación con agorafobia: en el último caso, generalmente, el cuadro clínico general es más severo y difícil de manejar.

El ataque de pánico no es peligroso para la salud ni mientras ocurre ni después, pero las sensaciones vividas son tan envolventes y traumáticas que inducen a quienes las experimentan a evitar la situación en la que ocurrió para no arriesgarse a repetir la 'experiencia'. Si no se trata adecuadamente, con la evolución del trastorno y la multiplicación de situaciones a evitar, la persona con trastorno de pánico, dentro de 2-3 años, acaba encerrada en sí misma, a no poder trabajar, a tener una vida social, para realizar las actividades más cotidianas, como ir al supermercado o al cine solo.

Las causas de la enfermedad aún no se comprenden completamente. Ciertamente, existe una predisposición genética, ya que los miembros de la familia de una persona con trastorno de pánico tienen diez veces más probabilidades que la población general de desarrollarlo ellos mismos, pero aún no se han identificado genes específicos.

Varios estudios han demostrado hipersensibilidad al dióxido de carbono en pacientes con trastorno de pánico, hasta el punto de que hacer que estos sujetos respiren aire enriquecido con CO_2 puede desencadenar un ataque similar a los espontáneos. Otros factores en juego, especialmente en las mujeres, son las fluctuaciones hormonales asociadas al ciclo menstrual (que pueden favorecer el inicio del ataque) y al embarazo (que, por otro lado, es protector).

Síntomas y diagnóstico del trastorno de pánico

Reconocer un ataque de pánico es relativamente simple cuando al menos cuatro de los siguientes síntomas surgen de manera espontánea, injustificada y repentina, además de un miedo e incomodidad intensos:

✓ taquicardia y / o palpitaciones;
✓ asfixia y dificultad para respirar;
✓ náuseas, dolor abdominal o retroesternal (dolor en el centro del pecho);
✓ sudoración / sofocos o, a la inversa, escalofríos / temblores;
✓ mareos y pérdida del equilibrio;
✓ hormigueo y / o cambios de sensibilidad en partes específicas del cuerpo;
✓ pérdida del sentido de la realidad o sentimiento de "desapego de uno mismo";
✓ sentimiento de muerte inminente;
✓ sensación de estar a punto de volverse loco

Cabe señalar que un solo ataque de pánico puede ocurrir en el contexto de muchas condiciones médicas (por ejemplo, cardiológicas, gastrointestinales, neurológicas, etc.) y condiciones psiquiátricas, incluso no relacionadas con trastornos de ansiedad (depresión, trastorno de estrés postraumático, etc.). abuso de sustancias, etc.). Para poder hacer un diagnóstico de Trastorno de Pánico, los ataques deben ser recurrentes y deben ir seguidos de un período de al menos un mes durante el cual el interesado teme fuertemente la repetición de la experiencia y / o sus consecuencias (físicas, psicológico, social, etc.), modificando su comportamiento para evitarlo. Además, las manifestaciones no deben estar relacionadas con la presencia de otra enfermedad física o psiquiátrica o con la ingesta o interrupción de drogas o sustancias.

La frecuencia y la distribución del tiempo de los ataques de pánico son muy variables: algunas personas, por ejemplo, pueden experimentar un ataque por semana con bastante regularidad, mientras que otras pueden tener numerosos ataques concentrados en 2-3 semanas seguidas de períodos sin síntomas. Las características de los ataques también pueden variar, tanto entre diferentes personas como en un mismo tema. En particular, pueden surgir ataques "completos", caracterizados por miedo y angustia intensos y al menos 4 síntomas físicos o "parciales", caracterizados por un menor número de síntomas físicos.

Marco de la agorafobia

Si el miedo intenso, la ansiedad de la muerte inminente y, posiblemente, los síntomas físicos del pánico surgen de forma selectiva cuando estás fuera de casa o en los entornos de vida más tranquilizadores, hablamos de agorafobia.

Los contextos típicamente críticos para la persona que padece agorafobia son el transporte público y los lugares concurridos (interiores o exteriores), así como todas aquellas situaciones en las que puede resultar difícil pedir ayuda o ser rescatado en caso de enfermedad (aparcamientos subterráneos, túneles, eventos, conciertos, espacios naturales no humanizados, autopistas, etc.).

Como en el caso del trastorno de pánico, las reacciones psíquicas emocionales y físicas de terror propias de la agorafobia no son acordes con la gravedad de la situación en la que uno se encuentra (habitualmente, total o casi inofensiva) y, tras la primera experiencia, conducen a evitar los lugares y contextos en los que se vivieron.

Si no se contrarresta rápidamente con las terapias apropiadas, esta tendencia tiene resultados altamente discapacitantes, ya que las situaciones que pueden hacer que usted se sienta incómodo se multiplican y su evitación acumulativa termina impidiendo que la persona en cuestión participe en actividades comunes y necesarias como conducir, ir de compras o ir a la escuela, o trabajar, subirse a un tren o avión, hacer cola en el banco, ir al cine o al teatro, etc.

Síntomas y diagnóstico de agorafobia.

Para emitir el diagnóstico de agorafobia, es suficiente que la ansiedad y la preocupación por la propia seguridad no estén motivadas y se manifiesten en al menos dos contextos:

- ✓ medios de transporte públicos o privados;
- ✓ espacios abiertos (aparcamientos, mercados, puentes, etc.);
- ✓ lugares concurridos (eventos, centros comerciales, etc.);
- ✓ lugares cerrados (cines, teatros, etc.);
- ✓ largas colas (de personas o vehículos);
- ✓ situaciones en las que está solo fuera de casa.

Si, además de la tensión psicológica, situaciones de este tipo desencadenan un verdadero ataque de pánico, se emite un doble diagnóstico, a saber, "Agorafobia y Trastorno de Pánico".

Para emitir el diagnóstico de agorafobia, es suficiente que la ansiedad y la preocupación por la propia seguridad no estén motivadas y se manifiesten en al menos dos contextos:

- ✓ medios de transporte públicos o privados;
- ✓ espacios abiertos (aparcamientos, mercados, puentes, etc.);
- ✓ lugares concurridos (eventos, centros comerciales, etc.);
- ✓ lugares cerrados (cines, teatros, etc.);
- ✓ largas colas (de personas o vehículos);
- ✓ situaciones en las que está solo fuera de casa.

Si, además de la tensión psicológica, situaciones de este tipo desencadenan un verdadero ataque de pánico, se emite un doble diagnóstico, a saber, "Agorafobia y Trastorno de Pánico".

Tratamiento del trastorno de pánico y la agorafobia

La estrategia a seguir para combatir el Trastorno de Pánico depende de la gravedad del cuadro clínico y del momento en el que el paciente acude al médico. El trastorno de pánico es, de hecho, un trastorno de curso periódico, caracterizado por períodos de exacerbación, con ataques frecuentes y fases de bienestar, libres de síntomas. En el primer caso, generalmente es necesario proporcionar un tratamiento combinado, basado en medicamentos y psicoterapia.

El manejo de la agorafobia es similar, pero en este caso es particularmente importante intervenir temprano porque el trastorno empeora con el paso del tiempo y la multiplicación de situaciones a evitar, volviéndose más difíciles de tratar.

Enfoque psicoterapéutico

Para optimizar los efectos de la farmacoterapia y ofrecer a la persona que padece trastorno de pánico y / o agorafobia un medio eficaz de autogestión de las sensaciones vividas en las diferentes circunstancias de la vida diaria, es útil combinar fármacos con una terapia conductual dirigida a "desacondicionamiento del estímulo fóbico", es decir, disolver el vínculo entre las situaciones críticas y la reacción ansiosa del paciente.

Este enfoque es particularmente ventajoso en la fase de consolidación del tratamiento para reducir la tendencia del paciente a evitar lugares y situaciones percibidos como "atemorizantes". El enfoque conductual prevé que la persona que padece el Trastorno de Pánico, en lugar de evitarlos, se expone paulatinamente a eventos considerados estresantes, los analiza con la ayuda del especialista y los procesa de manera positiva para devolver la experiencia vivida a un contexto de normalidad y afrontarla mejor en ocasiones posteriores.

Intervenciones de apoyo:

❖ Siga los ritmos regulares de la vida.
❖ Duerma lo suficiente todas las noches.
❖ Comiendo saludablemente.
❖ Practica actividad física moderada todos los días.
❖ Tome todas las terapias prescritas por el médico con regularidad, en las dosis indicadas.
❖ Evite beber alcohol y bebidas con cafeína.
❖ No fume e intente reducir la cantidad de cigarrillos habituales.
❖ Asiste a grupos de autoayuda y comparte tu experiencia con otras personas con un problema similar.

Trastorno de ansiedad / fobia social

Marco del trastorno de ansiedad social

Estar agitado y un poco asustado ante situaciones que exponen a otras personas a juicio, como dar una conferencia, intervenir en un debate, subir a un escenario para actuar, bailar, cantar o tocar un instrumento musical en público es completamente normal.

Pero cuando la preocupación y la ansiedad por la situación que se está a punto de afrontar es tal que despierta deseos de fuga e induce a buscar excusas y trucos para no volver a encontrarse en la misma situación, se enfrenta a una patología psiquiátrica real, conocido como "trastorno de ansiedad social / fobia social". La fobia social es una condición que, si no se trata adecuadamente, puede interferir seriamente con las relaciones interpersonales, el desempeño escolar y laboral, resultando en un deterioro significativo en la calidad de vida.

Fobia social

La fobia social puede afectar a cualquier persona, pero tiende a surgir con mayor facilidad en la niñez / adolescencia. Las mujeres tienen más probabilidades de padecerla que los hombres, pero los hombres tienden a desarrollar formas más graves de la enfermedad. Una vez establecida, la fobia social casi nunca se resuelve espontáneamente, pero tiende a mantenerse de forma crónica, empeorando gradualmente a lo largo de la vida. En general, quienes la padecen son conscientes de la insensatez de sus reacciones emocionales y conductuales, sufriendo no solo síntomas específicos sino también un considerable sentimiento de culpa e insuficiencia.

Síntomas y diagnóstico

Los principales síntomas emocionales de la fobia social incluyen:

✓ miedo intenso a interactuar con extraños;
✓ nerviosismo y aprensión ante situaciones en las que uno puede ser juzgado;
✓ culpa por la vergüenza / timidez de uno;
✓ miedo de que otros noten su miedo.
✓ incapacidad para controlar el terror y la ansiedad experimentados en contextos sociales;
✓ evitar situaciones que causen malestar;
✓ interferencia de la ansiedad experimentada con las actividades diarias;
✓ dificultad para hablar en público o con extraños;
✓ dificultad para mirar a los interlocutores a los ojos.

Los principales síntomas físicos de la fobia social incluyen:

✓ enrojecimiento y rubor;
✓ temblores y movimientos involuntarios;
✓ aceleración de los latidos del corazón;
✓ dificultades respiratorias;
✓ dolor de estómago, náuseas;
✓ calambres intestinales y diarrea;
✓ tono de voz alterado;
✓ tension muscular;
✓ manos frías y sudorosas;
✓ confusión mental.

Cuando síntomas de este tipo se repiten constantemente en situaciones sociales, durante un período de al menos seis meses, y con tal intensidad que genere un malestar significativo, se puede emitir un diagnóstico de Trastorno de Ansiedad Social / Fobia Social: para manejarlo es imprescindible el contacto con su médico para que realice un tratamiento específico.

En la infancia, para poder hacer un diagnóstico de Trastorno de Ansiedad Social / Fobia Social, los síntomas mencionados también deben ocurrir cuando el niño está en compañía de sus compañeros y no solo en contextos donde solo o incluso adultos están presentes.

Tratamiento de la fobia social

Aliviar los síntomas de la fobia social y recuperar una relación serena y satisfactoria la vida es posible gracias a las intervenciones psicoterapéuticas combinadas, en su caso, con una adecuada farmacoterapia.

Enfoque psicoterapéutico

El tipo de apoyo psicológico más utilizado y eficaz para superar la fobia social es la terapia cognitivo-conductual, que ayuda a analizar racionalmente las situaciones que generan ansiedad y a desmitificarlas, desvinculando las emociones negativas y los presagios. En pacientes con formas leves puede ser la única intervención necesaria; en casos de ansiedad social moderada-severa ayuda a optimizar y consolidar la acción de la farmacoterapia.

A nivel práctico, el enfoque conductual prevé que la persona que padece fobia social, en lugar de evitarlas, se expone paulatinamente a situaciones que le generan malestar y, procesándolas en clave positiva, es capaz de gestionar mejor y adaptarse paulatinamente a las situaciones asociadas al estrés. Además de las experiencias de la vida real, este camino puede incluir juegos de roles en el contexto de terapias grupales que faciliten el análisis de los elementos críticos de situaciones específicas y la comparación con otras personas que experimentan un problema similar.

Intervenciones de apoyo:

- ✓ Siga los ritmos regulares de la vida.
- ✓ Duerma lo suficiente todas las noches.
- ✓ Comiendo saludablemente.
- ✓ Practica actividad física moderada todos los días.
- ✓ Participe en actividades relajantes y agradables con personas con las que se sienta cómodo.
- ✓ Asistir a cursos destinados a mejorar la comunicación en público.
- ✓ Tome todas las terapias prescritas por el médico con regularidad, en las dosis indicadas.
- ✓ Evite beber alcohol y bebidas con cafeína.
- ✓ No fume o intente reducir la cantidad de cigarrillos habituales.
- ✓ Asiste a grupos de autoayuda y comparte tu experiencia con otras personas con un problema similar.

Fobias específicas

Cuadro de fobias específicas:

Hablamos de fobias específicas cuando, en una persona globalmente equilibrada desde el punto de vista psicológico, una determinada situación, fenómeno, animal u objeto puede generar un estado de ansiedad y una reacción instintiva de huida, absolutamente desproporcionada al contexto. La gravedad del trastorno y su impacto en el bienestar y la calidad de vida del paciente dependen no solo de la intensidad de la reacción ansiosa, sino también de la probabilidad real de que la persona en cuestión tenga que entrar en contacto con el elemento crítico en la vida diaria.

Así, si una fobia específica a las serpientes o escorpiones puede crear un malestar limitado en un paciente que vive en una gran ciudad, los posibles encuentros con estos animales son bastante esporádicos, la ansiedad que genera, por ejemplo, al estar encerrados en un lugar estrecho como un ascensor (claustrofobia) o por estar a más de diez metros del suelo (acrofobia) puede limitar en gran medida las opciones y actividades de la misma persona.

Fobias específicas Algunas fobias específicas son más frecuentes en la infancia y tienden a desaparecer espontáneamente durante el crecimiento. Este es el caso, por ejemplo, del miedo a los animales (de todos en general o de una o más especies en particular, como en el caso de las arañas, perros, caballos, etc.), a la oscuridad, a los individuos (por ejemplo, el médico, dentista o peluquero) o grupos de desconocidos (fobia a la demostración).

Otras fobias, en cambio, tienden a surgir en períodos posteriores de la vida, es decir en la adolescencia o incluso en la edad adulta: este es el caso, por ejemplo, del miedo a las tormentas, al agua, a la altura, a la velocidad, a las infecciones, dolor, subirse a un avión o estar en un espacio cerrado.

También existen fobias específicas que son especialmente frecuentes en la población, aunque con niveles de intensidad muy variables, y "socialmente aceptadas", como el miedo a la sangre, a las inyecciones, a las heridas, a los objetos cortantes o puntiagudos, etc.

A menudo, quienes padecen fobias específicas presentan fobias hacia varios elementos: en el 75% de los casos, tres objetos o situaciones provocan problemas.

Síntomas y diagnóstico

Los síntomas asociados a la presencia de una fobia específica son generalmente comparables a los característicos de una crisis de ansiedad o un ataque de pánico (Síntomas y Diagnóstico del Trastorno de Pánico), con la única diferencia de que las manifestaciones se desencadenan por síntomas bien definidos y circunscritos, de que la persona interesada es plenamente consciente.

Ante el elemento crítico, el paciente con fobia específica experimenta principalmente:

✓ miedo intenso, hasta el pánico;
✓ fuerte estado de tensión y nerviosismo;
✓ aceleración de los latidos del corazón;
✓ dificultades respiratorias;
✓ dolor de estómago, náuseas;

✓ tono de voz alterado;
✓ tension muscular;
✓ manos frías y sudorosas;
✓ confusión mental.

En el caso de miedo a la sangre y heridas o al tratamiento médico o dental, además de estas típicas manifestaciones ansiosas, el paciente puede sufrir una reacción vagal (así definida porque es desencadenada por una estimulación particular del nervio vago, que ayuda a regular el ritmo cardíaco y la presión arterial), lo que provoca un ritmo cardíaco lento, náuseas y pérdida del conocimiento. Aunque muy adictiva desde un punto de vista psicofísico, la reacción vagal no es peligrosa en sí misma para la salud.

En los niños, el miedo o la ansiedad se pueden expresar a través del llanto, arrebatos de ira, inmovilización o "aferrarse" (generalmente a los padres o adultos u objetos de referencia).

Para poder hacer un diagnóstico de fobia específica es necesario que la reacción de ansiedad y miedo desproporcionados ante la situación crítica sea sistemática (es decir, presente cada vez que uno se enfrenta al objeto / persona / situación) y que persiste durante al menos seis meses, independientemente de la edad de la persona en cuestión.

Tratamiento de fobias específicas

Dado que la situación que desencadena la reacción ansiosa está bien determinada, en todos los casos en que sea posible evitarla es la estrategia más sencilla y eficaz para sortear el problema (pensemos, por ejemplo, en el miedo a las serpientes). Por el contrario, cuando el elemento desencadenante está presente de forma casi constante en el entorno de vida habitual y no puede ser eliminado (por ejemplo, abejas o arañas para quienes viven en el campo), el tratamiento se vuelve indispensable para proteger el bienestar psíquico emocional y calidad de vida.

El enfoque más útil para obtener un buen control a largo plazo de la fobia es la psicoterapia y, en particular, basada en una terapia cognitivo-conductual completamente similar a la utilizada para manejar el ataque de pánico.

Incluso en el caso de fobias específicas, por tanto, existe una exposición gradual al agente que genera ansiedad, asociada a intervenciones psicológicas que ayudan al paciente a analizar y manejar sus reacciones fóbicas. Este tipo de tratamiento permite obtener buenos resultados en la mayoría de los casos.

La farmacoterapia no está indicada como remedio a largo plazo, pero en adultos puede ser útil y ventajoso como remedio para abordar fobias específicas relacionadas con eventos limitados y ocasionales, como un vuelo en avión o una consulta con el dentista.

Marco del trastorno de ansiedad por separación

El trastorno de ansiedad por separación es el trastorno de ansiedad más común antes de los 12 años y se caracteriza por la dificultad del niño (o un adulto) para alejarse del hogar o de las figuras de referencia. La probabilidad de verse afectado disminuye desde la niñez hasta la adolescencia y la edad adulta, mientras que es comparable en hombres y mujeres. Para quienes padecen Trastorno de Ansiedad por Separación, cualquier motivo o situación que implique una separación (de los padres, esposo o esposa, amigo cercano, hogar, etc.) genera un miedo y una ansiedad tan significativos como para ser limitantes en las elecciones de vida, e incluso incapacitantes.

El miedo y la ansiedad pueden estar asociados con el miedo a que algo negativo e irremediable les suceda a los seres queridos durante la distancia (enfermedad, muerte, etc.) o con la idea de ser personalmente víctima de accidentes, secuestros, etc. La angustia psicoemocional asociada con el trastorno de ansiedad por separación es tan pronunciada y perturbadora que hace que la persona en cuestión evite salir de casa o estar sola a toda costa.

Cuando un niño sufre de trastorno de ansiedad por separación puede ser casi imposible poder hacer que juegue o duerma solo en su habitación y, a menudo, los padres u otras figuras de referencia son seguidos constantemente en cada movimiento, incluso unos pocos metros, solo para mantener ellos a la vista.

La presencia del Trastorno de Ansiedad por Separación en la infancia, además de complicar significativamente la vida de los padres, puede comprometer el crecimiento pacífico del niño, quien tendrá que verse obligado a realizar todas las actividades independientes fuera del hogar: desde la escuela hasta, asistiendo a gimnasios, o piscinas, desde asistir a una fiesta hasta dormir en casa de un amigo o acampar, etc. Esto puede limitar considerablemente las experiencias relacionales y de vida durante la infancia / adolescencia, con repercusiones negativas en la vida social, emocional y profesional incluso en la edad adulta. El clima familiar que se crea, además, puede inducir tensiones y deteriorar la relación entre los padres, especialmente en caso de desacuerdo sobre la estrategia educativa a seguir.

Causas de la ansiedad por separación

Se desconocen las causas exactas de la ansiedad por separación, pero se cree que la concomitancia de un perfil psicológico predisponente y la exposición a traumas o eventos estresantes en la infancia y / o años posteriores se cree que promueve la aparición del trastorno (incluido el trauma severo en la infancia o edad adulta). En el caso de los niños, el nacimiento de un hermano, una mudanza o la enfermedad (aunque no sea grave) de un padre que implique una estancia hospitalaria de varios días puede constituir un factor de estrés suficiente para inducir el trastorno.

Síntomas y diagnóstico del trastorno de ansiedad por separación

La ansiedad por separación es un fenómeno normalmente presente durante el desarrollo neuropsicológico del niño que, por lo general, tiende a disminuir de forma espontánea a partir de los 2 años, para desaparecer casi por completo antes de la pubertad, aunque con tiempos y modalidades diferentes según el caso. Lo que debería preocuparse es la persistencia de una ansiedad por separación significativa después de los 5-6 años.

Síntomas típicos del trastorno de ansiedad por separación:

✓ Dificultad persistente para dejar a los padres / cuidador o al hogar.
✓ Miedo constante y excesivo de que algo trágico le pueda pasar a un padre / persona de contacto.
✓ Miedo constante y excesivo de ser víctima de un accidente o un secuestro estando solo.
✓ Negativa firme y sistemática a salir de casa o quedarse solo en casa.
✓ Pesadillas repetidas de separación de los padres / persona de contacto o de perderse en un lugar desconocido.
✓ Aparición de síntomas y quejas físicas (reales o sospechadas), como dolor de cabeza, dolor abdominal, etc. cada vez que tengas que salir de casa o de tus padres / persona de contacto.
✓ Tendencia a ser muy "pegajoso", intrusivo, a requerir atención y presencia constante.
✓ Estado de ánimo ansioso y deprimido, apatía y desinterés, inquietud y fuerte melancolía si se ve obligado a estar solo fuera de casa.

Para ser diagnosticado con trastorno de ansiedad por separación, los síntomas deben ser significativos y evitar que la persona que la padece participe en actividades comunes relacionadas con la edad; los síntomas también deben estar presentes durante al menos 4 semanas en niños y adolescentes de hasta 18 años y durante al menos 6 meses en adultos. Sin embargo, en el último caso, se permite cierta flexibilidad al evaluar la duración del trastorno como "clínicamente significativo".

Tratamiento de la ansiedad por separación

El trastorno de ansiedad por separación puede abordarse eficazmente con un tratamiento psicoterapéutico, de tipo cognitivo-conductual, incluso de corta duración. Especialmente en el caso de los niños adolescentes, la psicoterapia debe necesariamente involucrar también a los miembros de la familia / personas de referencia. Especialmente en el caso de los niños, normalmente no se prevé el uso de drogas.

Consejos prácticos para padres

Evite anticipar o hacer que los momentos de separación sean particularmente evidentes.

Cuando tengas que salir de casa o dejar al niño solo (por ejemplo, en el colegio), salúdalo con cariño, pero de forma seca y sin excesiva implicación emocional.

Salir de casa cuando el niño se encuentra en un estado de bienestar (descansado, sin hambre, etc.).

Encuentre una diversión alegre (juego, programa de televisión, llegada de un amigo, etc.) que pueda distraer al niño durante su ausencia.

Acostumbra gradualmente al niño a estar solo con personas que no sean sus padres (niñeras, abuelos, tíos, educadores, etc.).

Déle al niño un objeto que de alguna manera pueda recordar la presencia del padre, cuando está ausente.

De manera compatible con la edad del niño, enséñele a cuidar personalmente de un pequeño animal o planta.

CÓMO AYUDAR A UNA PERSONA ANSIOSA

El término ansiedad define una emoción caracterizada por preocupaciones sobre la anticipación de un peligro potencial o evento negativo futuro y está acompañada de sensaciones de amenaza y modificaciones fisiológicas.

La ansiedad puede tener una función adaptativa orientada a identificarnos y prepararnos para posibles riesgos futuros o puede ser útil en momentos en los que necesitamos superar un desafío o una tarea y esto requiere un esfuerzo físico o mental.

Mientras que el miedo asume la función de movilizarnos para afrontar un peligro inmediato, la ansiedad parece activarse de forma preventiva, incluso cuando no hay presente un estímulo específico aparente.

Una cierta cantidad de ansiedad puede ser útil para afrontar la vida diaria y en ocasiones necesaria para realizar alguna tarea, pero el mecanismo que la sustenta puede detenerse cuando se vuelve desproporcionado con los estímulos desencadenantes o expectativas en comparación con los recursos para enfrentarlos.

Hablamos de trastornos de ansiedad cuando el malestar se vuelve clínicamente significativo por persistencia, intensidad o frecuencia con respecto a la etapa de desarrollo. La ansiedad puede manifestarse con síntomas cognitivos, físicos y conductuales y, a menudo, lo que mantiene la ansiedad en sí no es tanto el evento en sí o la situación temida, sino los pensamientos que tenemos sobre el evento o cómo lo imaginamos en el futuro.

La gravedad y el impacto de los trastornos de ansiedad pueden variar de persona a persona y esto depende de la interacción de los factores temperamentales, el entorno educativo, los acontecimientos de la vida y los factores de vulnerabilidad. Sin embargo, para quienes lo experimentan, es probable que esto afecte su vida personal, sus relaciones, su capacidad para trabajar, estudiar y otras actividades en la vida del individuo que pueden ser más o menos visibles desde el exterior.

Teniendo en cuenta la prevalencia de estos trastornos y su impacto potencial, una pregunta que muchas personas se hacen es "qué hacer si tiene ansiedad" y "cómo ayudar a alguien con ansiedad". Sin duda, el apoyo de los seres queridos puede ser fundamental para ayudar a la persona a mejorar y superar los problemas a los que se enfrenta pero, en ocasiones, incluso las acciones bien intencionadas pueden resultar perjudiciales para quienes las experimentan debido a su actual estado de sufrimiento.

Para quienes experimentan el trastorno de ansiedad puede ser importante desarrollar estrategias de afrontamiento adecuadas o habilidades destinadas a afrontar la situación de ansiedad tanto mental como conductualmente. Es fundamental reconocer las diferentes manifestaciones de los síntomas de ansiedad y los factores que contribuyen al desarrollo y mantenimiento de los propios trastornos.

Para la terapia cognitivo-conductual, los trastornos de ansiedad, como los del estado de ánimo, se verían influenciados negativamente por distorsiones cognitivas o creencias patógenas disfuncionales que contribuyen al desarrollo y mantenimiento del sufrimiento. Las emociones y las reacciones conductuales estarían así interconectadas con la forma en que razonamos y los pensamientos disfuncionales.

Uno de los razonamientos típicos de los trastornos ansiosos es sentirse Mejor y seguro (BSTS), es decir, frente a un evento amenazante, se activaría una evaluación dirigida a privilegiar el miedo y la alarma como respuesta al peligro, en lugar de una reacción de despreocupación o sin alarma y el consiguiente riesgo de sufrir daños futuros.

La consecuencia es que existirá una tendencia a sobreestimar la hipótesis de peligro, incluso cuando el riesgo sea residual, para prevenir la amenaza, evitando así errores al subestimar el daño y subestimar la capacidad real de afrontamiento del evento.

Los pensamientos disfuncionales relacionados con estos problemas pueden generar círculos viciosos de ansiedad. Las intervenciones para el manejo de la ansiedad propuestas por la terapia cognitiva incluyen:

❖ intervenciones cognitivas como la psicoeducación sobre los mecanismos cognitivos y fisiológicos de la ansiedad; reestructuración cognitiva de creencias disfuncionales relacionadas con la ansiedad; normalización y aceptación de la ansiedad misma; etc.
❖ intervenciones conductuales como ejercicios de relajación; exposición interoceptiva e in vivo, etc.

Por lo tanto, es importante identificar los pensamientos disfuncionales que generan ansiedad preguntándome qué pienso en situaciones que provocan ansiedad (por ejemplo, "¡haré el ridículo!") Y las temidas consecuencias del pensamiento ansioso.

Reconocer los pensamientos y creencias patógenos que sustentan el trastorno (ej. "¡Debo estar siempre preparado!") Y las emociones y comportamientos asociados a ellos pueden ayudar a romper los círculos viciosos relacionados con los diferentes trastornos de ansiedad, a utilizar formas de pensamiento más funcionales y aumentar el nivel de aceptación de los propios estados emocionales y situaciones temidas.

No existen pautas generales para ayudar a las personas con trastornos de ansiedad, sobre todo porque la ansiedad puede manifestarse de muchas formas diferentes, según la historia personal, la biología y las experiencias del individuo. Por lo tanto, es importante adaptar las estrategias a la persona específica y escuchar sus comentarios.

Quienes entran en contacto con personas que padecen trastornos de ansiedad pueden desconocer los mecanismos que sustentan la angustia emocional asociada a estos trastornos, pero aún pueden jugar un papel decisivo para ayudar a quienes los padecen a tomar conciencia, pedir ayuda y no hacer que se sienta culpable o incapaz de solucionar su problema.

Algunos consejos útiles se pueden resumir en los siguientes puntos:

Preguntar sobre:

Es importante primero leer y adquirir conocimiento del problema para poder comprender la experiencia de quienes padecen trastornos de ansiedad y tener una idea de las principales manifestaciones y perspectivas terapéuticas.

Muestra empatía:

Es importante reconocer que lo que está viviendo el otro es real, que puede ser difícil e incluso las cosas más pequeñas pueden parecerle mucho más complicadas. Ser empático significa ponerse en el lugar de la otra persona y aprender de su experiencia lo que significa experimentar ansiedad a niveles patológicos. Un enfoque despectivo o crítico dirigido a trivializar o negar la experiencia ansiosa no ayuda a superar el problema.

Evite los consejos y sugerencias:

Evite proporcionar soluciones simplistas y "hágalo usted mismo" pretendiendo ser eficaz o dirigiéndose a creer que sería suficiente esforzarse más para salir de ellas. Más útil es preguntarle directamente a la persona si quiere algún consejo o qué estrategias ya ha probado.

Escuche con eficacia:

Escuchar es una de las mejores formas de ofrecer apoyo. Implica dar a la persona toda la atención que necesita, mostrarse presente en la conversación y compartir activamente el problema.

Escuchar los pensamientos y preocupaciones que pasan por la cabeza de quienes padecen trastornos de ansiedad, de manera no crítica y tolerante, permite que la persona que está sufriendo se abra y se sienta acogida.

Ofrezca ayuda concreta siempre que sea posible:

La ansiedad puede alterar la vida diaria normal y, de ser así, la persona puede apreciar la ayuda práctica. Puede preguntar qué necesita la persona u ofrecerse para hacer algo específico, asegurándose de haber obtenido el consentimiento de la persona para la ayuda que está ofreciendo. Se puede animar a la persona a que consulte a un profesional. Esto se puede experimentar como desalentador y, por lo tanto, puede ser importante orientarlo en la elección o estar cerca de él en este camino.

Respete la autonomía y habilidades de la persona:

Aunque las personas con ansiedad puedan experimentar algunas limitaciones, eso no significa que no puedan vivir su autonomía o que no puedan hacer las cosas. En primer lugar, es importante evitar "banalizar" las creencias de quienes padecen trastornos ansiosos sobre la dificultad de afrontar determinadas situaciones. Incluso una tarea muy simple puede parecer insuperable. Por ejemplo, dígale "¡No es gran cosa, relájese!" es devaluado y frustrante. Sin embargo, también es importante no reemplazarse por completo, por ejemplo en las tareas de la vida diaria, arriesgándose a coludir con el trastorno y mantener los mecanismos que lo sustentan.

Anime a la persona a pedir ayuda:

Si bien el apoyo de personas cercanas es un recurso valioso para quienes padecen ansiedad, cuando se vuelve patológica, la persona puede necesitar ayuda profesional, aunque no se dé cuenta. Especialmente cuando la calidad de vida o el funcionamiento se ven comprometidos de manera significativa. Alentar a la persona a recibir ayuda terapéutica puede no ser bien aceptado, pero es necesario para el bienestar de la persona. Podemos ofrecer ayuda para encontrar el profesional adecuado para el problema presentado y acompañar a la persona que lo sufre a una entrevista inicial, si así se acuerda, pero ciertamente no es posible reemplazar el rol de un especialista.

Mostrar apoyo:

En el caso de que la persona que padece un trastorno de ansiedad haya iniciado un camino de psicoterapia, es necesario apoyarlo incluso fuera del horario de la entrevista. Será importante reforzar cada pequeño paso y los objetivos logrados incluso cuando las mejoras puedan parecer mínimas. La terapia necesita los tiempos y ritmos necesarios para adaptarse a la historia y los síntomas del paciente y no requiere fuerzas externas o imposiciones que puedan constituir una fuente adicional de ansiedad. Además, puede ser útil apoyar a la persona en momentos en los que se enfrenta a periodos más estresantes a prepararse para pequeños "deslices", pero sin catastrofizar o devaluar los objetivos ya alcanzados. Mantener una actitud alentadora y de validación puede ayudar a mantener el compromiso con la terapia.

Mantenga su propio equilibrio:

Ayudar a las personas con un trastorno de ansiedad puede ser difícil y generar frustración y estrés. Ante todo es importante cuidarnos y ser conscientes de cuánta ayuda podemos ofrecer y cuáles son nuestras limitaciones o estado emocional. Si encuentra que está demasiado agotado o emocionalmente fatigado, debe reducir el apoyo que puede ofrecer.

Establecer límites en el contexto de la atención puede hacernos sentir culpables o preocupados el uno por el otro, pero puede ser muy importante para salvaguardar la relación y no convertirse en una fuente de mantenimiento y refuerzo para el trastorno en sí, por ejemplo, proporcionando una tranquilidad excesiva y agotadora. Es posible poner límites, manteniendo una actitud firme pero empática.

Por último, es fundamental no cobrarle a su ser querido que padece un trastorno de ansiedad nuestra preocupación o la alarma que experimenta por su condición. Es perfectamente normal preocuparse por la persona cercana, pero sentirse en pánico o culpable no ayudará. Por lo que es legítimo permitirse un descanso o su propio espacio personal destinado a recuperar su bienestar si es necesario.

¿Qué es la psicoterapia cognitivo-conductual?

Ansiedad, depresión, enfado, culpa, vergüenza, son emociones que sentimos todos los días.

Cuando las emociones son demasiado intensas o duraderas respecto a la situación en la que nos encontramos, podemos plantearnos la posibilidad de tener un problema emocional y por tanto de necesitar una psicoterapia cognitivo-conductual válida.

Por ejemplo, si una discusión con alguien nos enferma durante unos días, si pequeños defectos en las cosas que hacemos nos hacen sentir como si nada, si realizar actividades cotidianas, como ir de compras o hablar con compañeros de trabajo, genera ansiedad intolerable, probablemente estemos ante un malestar psicológico que puede requerir una intervención profesional.

El desarrollo de la terapia cognitivo-conductual.

La psicología, desde sus inicios, se ha ocupado de los problemas emocionales con resultados que no siempre son emocionantes. Solo en los últimos años podemos afirmar realmente tener una serie de procedimientos rigurosos y científicamente evaluables (¡y evaluados!) Para su tratamiento. Un enfoque más eficaz para el manejo de los problemas emocionales coincide con el surgimiento y difusión, en el mundo de la psicología, de la psicoterapia cognitivo-conductual en la década de 1960.

Teoría detrás de la psicoterapia cognitiva y conductual

Este enfoque postula una relación compleja entre emociones, pensamientos y comportamientos, subrayando cuántos de nuestros problemas (incluidos los emocionales) están influenciados por lo que hacemos y pensamos en el presente, aquí y ahora. Esto significa que al actuar activa y enérgicamente sobre nuestros pensamientos y comportamientos actuales, podemos liberarnos de muchos de los problemas que nos han acosado durante algún tiempo. La psicoterapia cognitivo-conductual (CCP), por lo tanto, está asumiendo el papel de tratamiento psicológico de elección para la gran mayoría de los problemas psicológicos y psiquiátricos, a menudo con una eficacia mucho mayor que los fármacos psicotrópicos.

Indicaciones de la psicoterapia cognitivo-conductual

La terapia cognitiva y conductual es una disciplina de base científica, cuya validez está avalada por cientos de estudios, principalmente, pero no solo, para el diagnóstico y tratamiento en poco tiempo de muchos trastornos psicológicos:

- ❖ Depresión y trastorno bipolar;
- ❖ Ansiedad, fobias, ataques de pánico e hipocondría;
- ❖ Obsesiones y compulsiones;
- ❖ Ansiedad o preocupación generalizada
- ❖ Trastornos de la alimentación (anorexia, bulimia, etc.);
- ❖ Estrés, trastornos psicosomáticos y dolores de cabeza;
- ❖ Disfunciones sexuales (eyaculación precoz, anorgasmia, etc.);
- ❖ Abuso y adicción a sustancias (alcohol, drogas, etc.);
- ❖ Desorden de personalidad;
- ❖ Insomnio y otros trastornos del sueño.
- ❖ Dificultad para establecer y mantener relaciones sociales y comportamiento impulsivo.
- ❖ Problemas de pareja;
- ❖ Dificultad en la escuela o el trabajo;
- ❖ Baja autoestima.

Los componentes de la psicoterapia cognitivo-conductual.

Como sugiere el término, combina dos formas de terapia extremadamente efectivas:

Terapia conductual.

Ayuda a modificar la relación entre las situaciones que crean dificultades y las reacciones emocionales y conductuales habituales que tiene la persona ante tales circunstancias, aprendiendo nuevas formas de reaccionar. También ayuda a relajar la mente y el cuerpo, para que se sienta mejor y pueda reflexionar y tomar decisiones con mayor claridad.

Terapia cognitiva.

Ayuda a identificar ciertos pensamientos recurrentes, ciertos patrones fijos de razonamiento e interpretación de la realidad, que son concomitantes con las emociones negativas fuertes y persistentes que se perciben como síntomas y son la causa, para corregirlas, enriquecerlas, integrarlas con otros pensamientos más objetivo, o en todo caso más funcional para el bienestar de la persona. Cuando se combinan en la psicoterapia cognitivo-conductual, estas dos formas de tratamiento se convierten en una herramienta poderosa para resolver la angustia psicológica grave en poco tiempo.

Desarrollos recientes en psicoterapia cognitivo-conductual

En los últimos años, la clásica psicoterapia cognitivo-conductual se ha enriquecido con algunos sub-enfoques específicos, que cada vez se han afianzado más gracias a la evidencia científica de su eficacia.

Características de la psicoterapia cognitivo-conductual

La terapia cognitivo-conductual (PCC) es:

Práctico y concreto

El propósito de la terapia se basa en la resolución de problemas psicológicos concretos. Algunos propósitos típicos incluyen la reducción de los síntomas depresivos, la eliminación de los ataques de pánico y cualquier agorafobia concomitante, la reducción o eliminación de rituales compulsivos o hábitos alimentarios poco saludables, la promoción de las relaciones con los demás, la disminución del aislamiento social, etc.

Centrado en el "aquí y ahora"

La memoria del pasado, como la historia de los sueños, puede en algunos casos ser útil para comprender cómo se han estructurado los problemas actuales del paciente, pero difícilmente pueden ayudar a resolverlos.

Por tanto, la psicoterapia cognitiva y conductual no utiliza estos métodos como herramientas terapéuticas, sino que se preocupa de activar todos los recursos del propio paciente, y de sugerir estrategias válidas que puedan ser útiles para liberarlo del problema que muchas veces lo ha aprisionado durante algunos años, independientemente de las causas.

Se centra en el presente y el futuro mucho más que algunas terapias tradicionales y tiene como objetivo provocar cambios positivos, ayudar al paciente a salir de la trampa en lugar de explicar cómo se metió en ella.

Término corto

La psicoterapia cognitivo-conductual es a corto plazo siempre que sea posible. En cualquier caso, el terapeuta está generalmente dispuesto a declarar que su propio método no es adecuado si no se obtienen resultados positivos al menos parciales, evaluados por el propio paciente, dentro de un número predeterminado de sesiones.

La duración de la terapia suele variar de seis a doce meses, según el caso, la mayoría de las veces semanalmente. Los problemas psicológicos más graves, que requieren un período de tratamiento más prolongado, se benefician del uso integrado de terapia cognitiva, medicamentos psiquiátricos y otras formas de tratamiento.

Orientado a un propósito

La psicoterapia conductual y cognitiva está más orientada a objetivos que muchos otros tipos de tratamiento.

El terapeuta cognitivo-conductual, de hecho, trabaja junto al paciente para establecer los objetivos de la terapia, formulando un diagnóstico y pactando con el propio paciente un plan de tratamiento que se adapta a sus necesidades, durante las primeras reuniones. A continuación, se encarga de comprobar periódicamente el progreso para verificar si se han alcanzado los objetivos.

Permitir

Tanto el paciente como el terapeuta juegan un papel activo en la terapia cognitivo-conductual.

El terapeuta intenta enseñar al paciente lo que se sabe sobre sus problemas y las posibles soluciones a los mismos. El paciente, a su vez, trabaja fuera de la sesión terapéutica para poner en práctica las estrategias aprendidas en la terapia, realizando las tareas que se le asignan.

En la terapia conductual y cognitiva, el terapeuta juega un papel activo en la solución de los problemas del paciente, interviniendo a menudo y, a veces, volviéndose "psicoeducativo". Sin embargo, esto no significa de ninguna manera que el paciente asista a una lección en la que se le dice qué debe hacer y cómo debe pensar; de hecho, a él también se le estimula para que sea lo más activo posible, un terapeuta de sí mismo, bajo la guía del profesional.

Colaborativo

El paciente y el terapeuta trabajan juntos para comprender y desarrollar estrategias que puedan orientar al paciente a resolver sus problemas. La psicoterapia cognitivo-conductual es de hecho una psicoterapia breve basada en la colaboración entre paciente y terapeuta.

Ambos participan activamente en la identificación de las formas específicas de pensar que pueden estar causando los diversos problemas. El paciente puede encontrar que ha pasado por alto las posibles soluciones a situaciones problemáticas.

El terapeuta ayudará al paciente a comprender cómo cambiar los hábitos de pensamiento disfuncionales y las reacciones emocionales y conductuales relacionadas que causan sufrimiento.

Fundada científicamente

Se ha demostrado a través de estudios controlados que los métodos cognitivo-conductuales son una terapia eficaz para numerosos problemas clínicos. Se ha demostrado que la psicoterapia cognitivo-conductual es al menos tan eficaz como los fármacos psiquiátricos en el tratamiento de la depresión y los trastornos de ansiedad, pero mucho más útil para prevenir las recaídas.

PRUEBA DE LA ESCALA DE ANSIEDAD AUTOEVALUACIÓN DE ZUNG (SAS)

ATENCIÓN: en ningún caso la prueba constituye un diagnóstico médico y reemplaza la pericia de personal médico calificado, sino que pretende ser una simple indicación.

La Prueba sobre el trastorno de ansiedad - Escala de ansiedad de autoevaluación de Zung (SAS) - basada en las escalas de William WK Zung ha demostrado ser muy eficaz durante años en la autoevaluación de ciertos trastornos como los trastornos de ansiedad o la deprsión.

Si ya sospecha de su nivel de ansiedad y los resultados de la prueba lo confirman, es posible que necesite un diagnóstico de un médico especialista.

Advertencia, esta prueba de ansiedad no puede reemplazar de ninguna manera el diagnóstico cuidadoso de un especialista. Por tanto, si bien es muy útil, no es suficiente para diagnosticar el trastorno de ansiedad generalizada.

Lea cuidadosamente. Para cada pregunta, seleccione la opción que mejor describa la frecuencia con la que lo ha intentado o se ha comportado de la manera descrita en los últimos tiempos.

Prueba de ansiedad:

1. **Tengo miedo sin razón**

   Casi nunca o nunca

   Algunas veces

   Frecuentemente

   Muy a menudo o siempre

2. **Me enojo fácilmente o tengo ataques de pánico.**

   Casi nunca o nunca

   Algunas veces

   Frecuentemente

   Muy a menudo o siempre

3. **Me siento más nervioso y ansioso de lo habitual.**

   Casi nunca o nunca

   Algunas veces

   Frecuentemente

   Muy a menudo o siempre

4. **Me siento roto**

   Casi nunca o nunca

   Algunas veces

   Frecuentemente

Muy a menudo o siempre

5. Siento que todo saldrá bien y no pasará nada malo

Casi nunca o nunca

Algunas veces

Frecuentemente

Muy a menudo o siempre

6. Mis brazos y piernas tiemblan

Casi nunca o nunca

Algunas veces

Frecuentemente

Muy a menudo o siempre

7. Sufro de dolor de cabeza, de cuello y de espalda.

Casi nunca o nunca

Algunas veces

Frecuentemente

Muy a menudo o siempre

8. Me canso facilmente

Casi nunca o nunca

Algunas veces

Frecuentemente

Muy a menudo o siempre

9. Me siento tranquilo y puedo sentarme fácilmente

    Casi nunca o nunca

    Algunas veces

    Frecuentemente

    Muy a menudo o siempre

10. Siento mi corazon latiendo rapido

    Casi nunca o nunca

    Algunas veces

    Frecuentemente

    Muy a menudo o siempre

11. Sufro de vértigo

    Casi nunca o nunca

    Algunas veces

    Frecuentemente

    Muy a menudo o siempre

12. Tengo una sensación de desmayo

    Casi nunca o nunca

    Algunas veces

    Frecuentemente

    Muy a menudo o siempre

13. Puedo inhalar y exhalar fácilmente

Casi nunca o nunca

Algunas veces

Frecuentemente

Muy a menudo o siempre

14. Siento hormigueo y entumecimiento en mis manos y pies.

Casi nunca o nunca

Algunas veces

Frecuentemente

Muy a menudo o siempre

15. Sufro de dolor de estómago o indigestión.

Casi nunca o nunca

Algunas veces

Frecuentemente

Muy a menudo o siempre

16. Siento la necesidad de orinar

Casi nunca o nunca

Algunas veces

Frecuentemente

Muy a menudo o siempre

17. Mis manos estan secas y calientes

Casi nunca o nunca

Algunas veces

Frecuentemente

Muy a menudo o siempre

18. Mi cara se pone roja y caliente con facilidad

Casi nunca o nunca

Algunas veces

Frecuentemente

Muy a menudo o siempre

19. Me duermo con facilidad y descanso tranquilamente por la noche.

Casi nunca o nunca

Algunas veces

Frecuentemente

Muy a menudo o siempre

20. Tengo pesadillas

Casi nunca o nunca

Algunas veces

Frecuentemente

Muy a menudo o siempre

Primero asigne una puntuación a cada pregunta dependiendo de su respuesta: Casi nunca o raramente = +1; A veces = +2; A menudo = +3; Casi siempre = +4;

ATENCIÓN: para las preguntas 5, 9, 13, 17 y 19, asigne puntuaciones invertidas, a saber: Casi nunca o raramente = +4; A veces = +3; A menudo = +2; Casi siempre = +1;

Calcule el puntaje total (llamado Raw Total) de las veinte preguntas que respondió (no debe exceder los 65 puntos, en caso de haberlo calculado mal).

Ahora multiplique la puntuación bruta por el factor de conversión 1,25 y obtendrá el índice z. Si el valor así obtenido está muy cerca o supera el valor de 58,7, debe pensar en ponerse en contacto con un especialista para una verificación.

TRATAMIENTOS PARA LA ANSIEDAD

Nutrición en caso de ansiedad

En la ansiedad, los alimentos útiles son aquellos que pueden reequilibrar el sistema nervioso. Hay cuatro aminoácidos que son importantes para este trastorno:

<u>Histidina</u>: promueve un efecto calmante y relajante a nivel mental

<u>Triptófano</u>: precursor de la serotonina. Las personas ansiosas a menudo tienen una deficiencia de serotonina en la sangre, el triptófano junto con las vitaminas B y la vitamina C se vuelve importante para mantener el equilibrio mental y emocional.

<u>Glicina</u>: actúa a nivel de la médula espinal controlando la alteración motora que experimentan las personas ansiosas

<u>Taurina</u>: contenido en el sistema nervioso central

Histidina, Triptófano y Glicina están contenidas en proteínas de origen animal y vegetal, con mayor porcentaje en la soja. La taurina es un aminoácido que el cuerpo es capaz de sintetizar por sí mismo. Igualmente importantes son las vitaminas B contenidas en los cereales integrales y la levadura de cerveza, que contienen cromo que también es útil para combatir la ansiedad. Las verduras como la lechuga, las judías verdes y el calabacín ayudan a calmar el sistema nervioso central.

Se pueden proponer las siguientes asociaciones nutricionales para calmar la ansiedad y la irritabilidad:

Papas hervidas: cocidos en una cacerola y cubiertos con agua a la que se le agregará aceite, sal, perejil picado y ajo, tienen potasio, mineral esencial para el buen funcionamiento de las células nerviosas

Calabacines marinados: cortado en rodajas y frito en aceite de oliva extra virgen, escurrir y sazonar con ajo picado y perejil

Pasta con pesto: preparado con albahaca fresca, una cucharada de piñones y medio diente de ajo

Arroz con lechuga: en un cazo sofreír una lechuga cortada en tiritas con un diente de ajo machacado en aceite de oliva extra virgen. Pasados los siete minutos se diluye con agua caliente y cuando vuelve a hervir se le agrega el arroz

En cambio, se debe reducir el café, el té y la Coca-Cola.

Remedios herbales para la ansiedad

Para el tratamiento de la ansiedad en la piroterapia se utilizan infusiones, tinturas madre o extractos secos de plantas con acción sedante interviniendo sobre el sistema afectado por la somatización de este trastorno. De hecho, si el estado de ansiedad se presenta en el sistema muscular, será de gran utilidad la manzanilla y el toronjil, que calman la irritabilidad y la tensión nerviosa, mediante la relajación de los músculos. Por tanto, están indicados por su actividad antiespasmódica en trastornos gastrointestinales de origen neurovegetativo, como colitis espástica, intestino irritable, gastritis y meteorismo.

Si la ansiedad se acompaña de taquicardia, palpitaciones, alteraciones del ritmo cardíaco, hipertensión, lima y espino que ejercen una acción hipotensora y calmante sobre el sistema cardiovascular, se utilizan para combatir el insomnio, arritmias, nerviosismo y dolor de cabeza, por estados de ansiedad y estrés. Asimismo, en las formas de los derivados de las yemas, respectivamente Tilia tomentosa y Crataegus oxyacantha, son remedios efectivos para relajar a personas muy nerviosas, en las que reducen la emocionalidad, en estados de agitación, angustia y en caso de insomnio de ancianos y niños. .

La pasiflora las partes aéreas ejercen una acción sedante sobre el sistema nervioso central con efectos tranquilizantes y ansiolíticos. El tipo de actividad que ejerce esta planta es similar a la de los sedantes sintéticos, ya que posee receptores comunes a las benzodiazepinas, pero sin producir los efectos secundarios narcóticos que estos fármacos pueden dar.

Remedios herbales para la ansiedad - Flores de Bach en casos de ansiedad

La terapia floral interviene sobre las diferentes formas de estados de ansiedad, derivados de los difíciles momentos transitorios que atraviesa el individuo a lo largo de su vida; en otros casos, la ansiedad está ligada a actitudes de carácter negativas de su personalidad. En momentos de ansiedad aguda, el remedio sale al rescate y alivia inmediatamente las molestias más importantes.

Agrimonia: adecuado para la ansiedad provocada por un tormento interior que escondemos de los demás. Quienes enmascaran los problemas ajenos lo padecen recurriendo a una fachada de alegría que es funcional para evitar conflictos y discusiones. La flor ayuda a afrontar los problemas, frenando la tendencia a ocultarlos por miedo a no ser aceptados, dando serenidad y optimismo al afrontarlos.

Nuez: Para la ansiedad resultante de un evento estresante o un cambio de vida. El remedio ayuda en algunos momentos a romper viejos vínculos, asociaciones y estilos de vida que puede generar ansiedad, inestabilidad, confusión e incertidumbre sobre las decisiones tomadas. El remedio da perseverancia, decisión y determinación, capacidad de adaptación, sin remordimientos.

Castaño Blanco: es el remedio para la ansiedad provocada por pensamientos circulares, de los que no podemos encontrar solución. Sufre quien por un tiempo se encuentra padeciendo de sus propios pensamientos, sin poder dominarlos, rumiando sin descanso los traumas pasados. La flor ayuda a mantener a raya los pensamientos obsesivos, promoviendo la relajación y la paz mental.

Álamo temblón: el remedio para la inquietud y la aprensión causada por miedos indefinidos. Estos individuos viven con una sensación de amenaza constante, de presagios siniestros y desmotivados, en anticipación de una catástrofe inminente, de una perdición inminente. El remedio infunde valor, ayudando a superar la angustia y los miedos.

Olmo: el remedio para la ansiedad provocada por una responsabilidad excesiva. Lo sufre quien nunca retrocede o se enfrenta a una emergencia, no le teme al esfuerzo, pero al final se pregunta demasiado si vale la pena el esfuerzo. La flor ayuda a controlar el estrés y recarga energéticamente.

Impatiens: el remedio para la ansiedad por anticipación. Quienes, por ejemplo, se impacientan fácilmente en los semáforos, frente a las colas, viven con este tipo de disturbios, porque les aterroriza perder el tiempo. El sujeto que cae en este tipo suele sufrir insomnio nocturno, anticipándose mentalmente a los compromisos del día siguiente. La flor ayuda a aliviar la tensión espasmódica y enseña a aceptar el fluir natural de la vida y sus tiempos.

Scleranthus: por ansiedad provocada por la indecisión entre dos posibilidades. La persona que la padece fluctúa de un extremo a otro y, en medio de la incertidumbre, no está seguro de qué decisión tomar entre dos alternativas o dos posibilidades. La flor ayuda a restablecer la escala de valores y prioridades para luego llegar a una decisión.

Castaño rojo: por la ansiedad de que algo malo les pueda pasar a sus seres queridos. Esta flor es útil para quienes consideran la vida una amenaza y, olvidándose de ella y sus necesidades, temen y se preocupan solo por la salud de los demás, con pérdida del equilibrio y la serenidad. La flor permite controlar la ansiedad y manejar de manera más racional el sobreprotector que genera aprensión.

Medicina tradicional china

En la medicina tradicional china, cada órgano del cuerpo corresponde a un contenido psíquico, lo que significa que también depositamos energías mentales dentro del organismo. La ansiedad surge por desequilibrios energéticos, intoxicaciones y mal funcionamiento de órganos que dañan la energía mental: por ejemplo, un hígado intoxicado disminuye la fuerza de las decisiones. Además de los meridianos del hígado, es útil para tratar los del corazón y el bazo. La acupuntura moviliza el qi, la energía del hígado, y calma el shen, a través del trabajo en estos puntos:

✓ Shen men (en el pliegue transversal de la muñeca), que tonifica y regula el qi cardial;
✓ Xing jian (entre el dedo gordo y el segundo dedo), que tonifica y regula el hígado y enfría la sangre;
✓ Feng largo (entre el borde inferior de la rótula y el vértice del maléolo externo), que disuelve la humedad, moviliza el qi del bazo y del estómago, calma el shen y promueve el descenso del yang. Incluso la 'acupresión, que se basa en los principios de la medicina tradicional china, puede ser un buen remedio contra la ansiedad.

Aromaterapia para la ansiedad

En el tratamiento de la ansiedad, generalmente se recomienda el aceite esencial de melisa: 2/3 gotas de aceite esencial 3 veces al día disueltas en una cucharada de miel. El aceite de lavanda, muy utilizado en aromaterapia por ser muy versátil, relaja el cuerpo y se utiliza en el difusor, mezclado con agua u otros aceites vegetales, o en el baño (de 5 a 10 gotas).

Homeopatía

Los medicamentos homeopáticos que tratan la ansiedad se dividen en dos categorías: medicamentos somáticos y medicamentos de acción profunda. El tratamiento sintomático prevé el reclutamiento de Argentum nítrico 15 CH (5 gránulos, 1-3 veces al día), que mitiga los estados de agitación, y Gelsenium 9 CH (5 gránulos, 1-3 veces al día), también recomendado a los pacientes en víspera de una prueba, cirugía o examen importante. En los tratamientos básicos se utiliza Arsenicum album 15 CH (5 gránulos, 1-3 veces al día), que cura estados constantes de angustia, y Lachesis 15 CH (5 gránulos, una vez al día), específico para tristeza, sueño, melancolía y ansiedad en la menopausia.

Ejercicios

Es fácil para el sujeto ansioso reproducir más o menos los mismos patrones motores y permanecer "enjaulado" en su interior. En este caso, el método Feldenkrais es excelente para que el cuerpo vuelva a experimentar el movimiento de forma fácil y organizada. También se obtienen excelentes resultados con la terapia de movimiento de danza y la bioenergética. En general, el consejo es escucharte a ti mismo en el movimiento. Ante un episodio de ansiedad que se manifiesta con temblor, taquicardia, sensación de asfixia, resulta de gran ayuda masajear algunos puntos de tu cuerpo indicados en la medicina tradicional china.

Sugerimos dos técnicas:

✓ con el pulgar de la mano derecha, masajee el centro de la palma de la mano izquierda con un movimiento circular durante unos dos minutos. Repite el masaje de la derecha.
✓ Otra técnica es presionar con el dedo índice, durante cinco minutos, el punto entre las dos cejas: aplica un poco de fuerza con presión, el beneficio será inmediato.

Si por el contrario quieres afrontar el trastorno de una forma más sistemática, te recomendamos prácticas orientales como el yoga integral o la gimnasia suave china.

La reflexología podal también está indicada para la ansiedad. De hecho, el masaje de reflexología podal también es una excelente herramienta para relajarse o para ayudarse durante un episodio de insomnio.

Quienes padecen ansiedad tienen dificultades para entrar en la perspectiva de la quietud y la meditación (en movimiento o mediante posturas mantenidas a través de la respiración) de estas disciplinas, que, sin embargo, a largo plazo son de una ayuda excepcional para recuperar el contacto con la interioridad, a través de la exploración y superación de bloqueos corporales.

Mucho depende de la capacidad empática del profesor y de la voluntad del practicante de hacer un vacío interior, aunque solo sea para abrir un hueco en la primera fase.

Ansiedad y respiración

Una serie de reflexiones y consejos prácticos sobre la innegable relación entre el estado de ansiedad y la respiración. Veamos cómo uno afecta al otro.

Luchar o controlar la ansiedad es, en nuestra época llena de presiones psicológicas y competencia, una de las preocupaciones más extendidas en el mundo, tanto que podemos experimentar un estado de ansiedad ante la idea de ansiedad en sí.

Todos, al menos a veces en la vida, llegamos a experimentar un estado en el que la preocupación, el estrés y el miedo llegan a afectar directamente las actividades del cuerpo, como palpitaciones, sentido del equilibrio y respiración, acompañadas de náuseas, dolor de pecho y calambres de estómago.

Es una especie de vestigio evolutivo, o más bien un mecanismo residual de las fases evolutivas anteriores en las que sentirse rodeado de peligros inmanentes fue fundamental para desencadenar una especie de alerta y por tanto una condición de supervivencia individual en la que todo lo demás pasa a ser secundario.

La química del cerebro desencadena entonces toda una serie de procesos que cambian el estado psíquico, preparando al individuo para una seria amenaza y cambiando el estado físico con el mismo propósito, aumentando la respiración, las palpitaciones, la sudoración.

La ansiedad puede dar lugar a dos tipos de comportamientos, ambos pueden definirse como excesivos: parálisis por miedo, en la que uno se convierte en víctima de las alteraciones psicofísicas propias, y sobrerreacción por ira, en la que no se pueden controlar las descargas de adrenalina.

Respiración alterada por la ansiedad.

Hemos visto que, a nivel sintomático, la ansiedad induce un estado respiratorio alterado, propio de quienes se enfrentan a una amenaza grave y adecuado para soportar el aumento de la frecuencia cardíaca. La respiración, sin embargo, puede pasar de un síntoma pasivo a la principal herramienta para disolver el estado de ansiedad, y en lugar de experimentar su modificación como consecuencia de una alteración de la conciencia, se convierte en la herramienta con la que volver a normalizar esta última, revirtiendo la secuencia del proceso.

En primer lugar, es importante poder comprender si el cambio en la respiración se debe realmente a un estado de ansiedad o a un problema de salud, tal vez del corazón. Si no se trata de ansiedad, lo mejor que puede hacer es llamar a su médico. A medida que envejece, o si tiene problemas cardíacos o enfermedades preexistentes, no se arriesgue a un diagnóstico apresurado y llame a su médico.

Reconocer la hiperventilación

Hablemos de hiperventilación por un momento. A veces, en un estado de ansiedad sucede que la respiración se vuelve muy rápida o profunda, como si tuviera la sensación de que necesita tomar más oxígeno. Aquí, a menudo sucede lo contrario, es decir, una reacción a una sobreabundancia de oxígeno y, en consecuencia, a una falta de CO_2. Nos damos cuenta de esto si empezamos a tener una excesiva sensación de ligereza, una sensación de presión en el pecho con el corazón yendo a mil, acompañada de dificultad para controlar las piernas. Esto sucede debido a una respiración demasiado rápida, una respiración demasiado corta o incluso un intento de controlar artificialmente la respiración en lugar de dejar que la naturaleza lo haga.

Conozca los entresijos de la respiración correctiva

¿En qué debemos centrarnos entonces? Empecemos por los detalles que marcan la diferencia. En primer lugar, lo ideal es inhalar profundamente con la boca, para aportar el oxígeno necesario, y exhalar lentamente por la nariz, para restablecer un ritmo respiratorio y circulatorio sostenible.

Segundo, pero no menos importante: concéntrese en su estómago tratando de llenarlo con cada respiración. Esto nos ayuda a darle menos importancia al pecho, a menudo el hogar de sensaciones desagradables que solo aumentan la ansiedad, y a aumentar la profundidad de nuestra respiración.

Aguante la respiración durante unos segundos (cuente 7 latidos) entre la inhalación y la exhalación, para notar que con cada respiración las palpitaciones disminuyen significativamente, aunque sea levemente.

Esta técnica conduce a una hiperventilación reducida y por tanto a recuperar el dominio, aunque los síntomas secundarios como el dolor en el pecho pueden tardar minutos en desaparecer por completo. Concentrarse excesivamente en los síntomas de la ansiedad genera ansiedad adicional, así que no se concentre demasiado en la respiración antinatural y tómese de 7 a 10 minutos de su propio tiempo para recuperar lentamente el control de sí mismo.

La ansiedad es un estado que no desaparece en pocos segundos y que puede tener pequeñas escaladas, así que no te alarmes y concéntrate, como se mencionó, en los movimientos de la barriga. Recuerde que es importante equilibrar el CO_2 con el oxígeno, por lo que respirar lentamente con las manos frente a la boca puede ayudar seriamente a aliviar muchos síntomas desagradables.

¿Qué tratamiento es el más eficaz?

Tratamiento farmacológico

La terapia farmacológica se ha basado durante mucho tiempo en las benzodiazepinas (fármacos ansiolíticos), que ayudan a reducir las manifestaciones fisiológicas pero actúan en menor medida sobre los aspectos cognitivos. Numerosos estudios que comparan la terapia con ansiolíticos y antidepresivos han demostrado: que los antidepresivos, a diferencia de los ansiolíticos, tienen una mayor eficacia. Sin embargo, otros estudios sobre terapia combinada no dan relevancia a la terapia con medicamentos. La terapia más eficaz es un tratamiento integrado (terapia cognitivo-conductual más terapia con medicamentos). Sin embargo, la terapia con medicamentos se recomienda solo en la primera fase de la psicoterapia y solo en presencia de síntomas depresivos que interfieran con el curso de la psicoterapia.

Tratamiento PSICOLOGICO - PSICOTERAPIA

La intervención psicológica utiliza las siguientes terapias:

Terapia cognitiva el terapeuta invita al paciente a reinterpretar ideas, creencias y expectativas poco realistas.

Terapia de relajación dado que muchos pacientes se quejan de niveles elevados de tensión muscular, esta puede ser una habilidad que puede ayudar al paciente a controlar los síntomas somáticos.

Exposición gradual (intervención conductual). Muchos pacientes con este trastorno pueden presentar evitación fóbica de algunas situaciones con el fin de buscar un alivio inmediato de los síntomas de ansiedad o malestar experimentados; En conclusión, estos tipos de comportamientos deben abordarse mediante la exposición gradual y la prevención de respuesta.

Resolución de problemas Ladouceur et al., 1998, han demostrado que los sujetos con DAG tienen pocas habilidades para afrontar situaciones problemáticas, por la falta de capacidad para resolverlas.

CONSEJOS DE AUTOAYUDA PARA LA ANSIEDAD

Si desea aprender a controlar la ansiedad incluso sin ayuda profesional, puede intentar mantener rutinas regulares en las comidas, siguiendo un régimen de alimentación sano, así como rutina para controlar el ritmo de sueño-vigilia. Practique deportes, medite, aprenda algunas técnicas de relajación como por ejemplo: la respiración lenta o diafragmática es suficiente.

Empiece a prestar atención a los pensamientos que tiene cuando está ansioso y adquiera el hábito de cuestionarlos un poco, como lo haría en una discusión en la que evalúa qué tan precisos son los argumentos de la otra persona.

Aprenda a prestar atención a las situaciones que evita y trate de lidiar con ellas poco a poco, dándose tiempo para acostumbrarse a una situación que lo ponga ansioso antes de irse. Esto es difícil pero es lo más efectivo.

No todos los que están muy preocupados tienen un trastorno de ansiedad. Puede sentirse ansioso por una vida ajetreada, falta de ejercicio o sueño, presión en casa o en el trabajo, o incluso demasiado café.

Por lo tanto, si se siente demasiado preocupado, tómese un tiempo para evaluar qué tan bien se encuentra y cuídese.

¿DEDICAS TIEMPO TODOS LOS DÍAS A LA RELAJACIÓN Y LA DIVERSIÓN?

¿ESTÁ RECIBIENDO EL APOYO EMOCIONAL QUE NECESITA?

¿ESTÁS CUIDANDO TU CUERPO?

¿ESTÁS SOBRECARGADO DE RESPONSABILIDAD?

Si sus niveles de estrés están al límite, manejarlo puede ayudarlo. Puede haber responsabilidades que pueda ceder, abandonar o delegar en otros. Si se siente aislado o sin apoyo, encontrar a alguien en quien confiar y hablar de sus preocupaciones puede hacer que parezcan menos monstruosas.

Conéctate con otros.

La soledad y el aislamiento refuerzan la ansiedad. Disminuya su vulnerabilidad involucrándose en persona con personas que lo apoyan, se preocupan por usted y son amables. Establezca un horario regular para reunirse con amigos, unirse a un grupo de autoayuda o de apoyo, o compartir sus inquietudes y preocupaciones con alguien en quien confíe. Si no tiene a nadie con quien pueda contar, nunca es demasiado tarde para entablar nuevas amistades y una red de apoyo.

Técnicas prácticas de relajación.

Cuando se practican regularmente técnicas de relajación como la meditación de atención plena, la relajación muscular progresiva y la respiración profunda pueden reducir los síntomas de ansiedad y aumentar la sensación de relajación y bienestar emocional.

Hacer ejercicio regularmente.

El ejercicio es un calmante natural para el estrés y un ansiolítico. Para lograr el máximo beneficio, considere al menos

30 minutos de ejercicio aeróbico la mayoría de los días de la semana (divididos en períodos cortos si le resulta más fácil). Las actividades rítmicas que requieren movimiento de brazos y piernas son particularmente efectivas. Intente caminar, correr, nadar, practicar artes marciales o bailar.

Dormir lo suficiente.

La falta de sueño puede exacerbar los pensamientos y sentimientos de ansiedad, así que trate de dormir de siete a nueve horas por noche.

Sea inteligente con la cafeína, el alcohol y la nicotina.

Si está luchando contra la ansiedad, es posible que desee considerar reducir su consumo de cafeína o eliminarlo por completo. Lo mismo ocurre con el alcohol, que puede empeorar la ansiedad. Al principio se pensó que los cigarrillos la calmarían, en realidad la nicotina es un poderoso estimulante que conduce a niveles altos y no bajos de ansiedad.

Entrena tu cerebro para mantener la calma.

La preocupación es un hábito mental que puede aprender a controlar.

Dado que algunos medicamentos y suplementos pueden causar ansiedad, su médico también querrá conocer otra información: los medicamentos que está tomando, los remedios a base de hierbas y los medicamentos que está tomando.

Si el médico descarta una causa orgánica, el siguiente paso es consultar a un terapeuta que tenga experiencia en el tratamiento de trastornos de ansiedad. El terapeuta trabajará con usted para determinar la causa y el tipo de su trastorno de ansiedad y diseñar un camino.

CÓMO COMBATIR LA ANSIEDAD: 10 TÉCNICAS Y CONSEJOS

La ansiedad es un trastorno que cada uno de nosotros ha experimentado al menos una vez en la vida. Pero para algunos puede convertirse en una verdadera pesadilla.

No es de extrañar: equilibrar el trabajo, el estudio, la familia, los amigos y los compromisos mientras tratamos de mantenernos saludables se ha convertido en la norma en nuestras ajetreadas vidas. Las constantes presiones de la sociedad pueden convertir el estrés normal en un disturbio prolongado que nos priva de la tranquilidad necesaria para afrontar las tareas cotidianas.

Quizás eras un niño ansioso que se convirtió en un adulto ansioso, o tal vez desarrollaste ansiedad más tarde en la vida. Independientemente de cuándo comenzaron los síntomas, es posible que esta sensación desagradable estimule continuamente su mente. No estás solo: según un estudio, la ansiedad afecta al 7% de la población mayor de 14 años y, asociada a la depresión, afecta a 3,7 millones de italianos.

Aprendamos algunos consejos sobre cómo combatir la ansiedad sin recurrir al uso de drogas, utilizando diez técnicas de relajación y meditación. Por supuesto, si su trastorno de ansiedad es grave, le recomendamos que consulte a un médico. Esta guía está pensada para ser un pequeño manual de autoayuda para superar ataques menos severos y vivir más en paz.

¿Qué es la ansiedad y por qué estamos ansiosos?

La ansiedad es la reacción de la mente y el cuerpo ante situaciones estresantes, peligrosas o desconocidas. Es la sensación de malestar, angustia o terror que sientes ante un evento importante. Un cierto nivel de ansiedad nos ayuda a mantenernos alerta y conscientes, pero para quienes padecen un trastorno de ansiedad puede volverse completamente debilitante.

1. Usa tu voz

Hablar con un amigo de confianza es una forma tan sencilla como eficaz de lidiar con la ansiedad. Pero hay un acto aún mejor que hablar: gritar. ¿Parece exagerado?

De niño probablemente le enseñaron que gritar está mal. Pero, como adulto, puedes crear tus propias reglas. Usar tu voz para transmitir frustración y ansiedad reprimidas es increíblemente terapéutico y te ayuda a abrir tu quinto chakra, que gobierna la comunicación.

Esto no significa asustar a los demás o volverse amenazante. Acepte la ansiedad como parte de su vida y luego déjela pasar por su voz, tal vez cantando su canción favorita en voz alta, recitando un mantra o simplemente gritando en voz alta desde la parte superior de sus pulmones. ¡Haz cualquier cosa que te ayude a sacarlo de tu cuerpo con tu voz!

2. Usar movimiento

El ejercicio es probablemente lo último que desea hacer cuando su mente está presa de la ansiedad. Es posible que le preocupe el dolor después del entrenamiento y no poder caminar o sentarse durante los próximos días. O su mente puede saltar directamente al peor de los casos y temer que esté sufriendo un ataque cardíaco. Pero el ejercicio es en realidad una de las mejores soluciones naturales para combatir la ansiedad.

La actividad física aumenta los niveles de endorfinas y serotonina, las hormonas responsables de la felicidad y el bienestar. Y cuando te sientes mejor físicamente, tu mente también hace lo mismo.

Dado que su cerebro no puede concentrarse en dos cosas al mismo tiempo, el ejercicio también puede distraer su mente de sus problemas. No pienses en tener que enfrentarte a un entrenamiento militar: 20-30 minutos de actividad física de tres a cinco días a la semana es suficiente para mitigar significativamente los efectos de la ansiedad.

Cualquier tipo de movimiento es adecuado para el propósito, por lo que también puedes bailar, correr, caminar o hacer yoga.

3. Terapia de aceptación y compromiso (ACT)

La Terapia de Aceptación y Compromiso (ACT) es una terapia cognitiva conductual basada en la atención plena o la conciencia del "aquí y ahora".

Las personas que padecen ansiedad suelen vivir con la mente proyectada hacia el futuro, creando escenarios negativos y temiendo lo desconocido, nunca disfrutan del momento presente.

ACT se basa en dos pilares fundamentales: aceptación y compromiso. Nos enseña a aceptar el hecho de que no podemos controlar totalmente la ansiedad, a aceptarla como parte de nuestra vida y a comprometernos a comprender lo que realmente nos importa. ¿Qué podemos cambiar ahora, en este momento, y sobre lo que realmente tenemos control?

Esto significa aprender a no luchar continuamente con la ansiedad, a no ser demasiado estrictos con nosotros mismos y al mismo tiempo a tomar la iniciativa para cambiar realmente las cosas.

4. Modere su cafeína

Una taza de café, té o una cola helada puede hacer que se sienta mejor. Pero si la cafeína es su droga preferida, su ansiedad podría empeorar.

La cafeína impacta el sistema nervioso y puede aumentar los niveles de energía. La idea de renunciar a su bebida favorita con cafeína podría aumentar su frecuencia cardíaca e inducirle ansiedad al leer este párrafo, pero no se preocupe, no tiene que eliminarla por completo de sus días. Se trata de moderación.

En lugar de cuatro tazas de café al día, baje a una o dos tazas. Pruébelo y vea cómo se siente. Mientras lo hace, introduzca gradualmente otras bebidas en su dieta, como infusiones de hierbas e infusiones sin cafeína.

5. Asegúrate de dormir lo suficiente

Con toda tu apretada agenda, no hay tiempo para dormir, ¿verdad? Algunos adictos al trabajo se jactan de que solo necesitan tres o cuatro horas de sueño por noche, como diciendo "Estoy más decidido y comprometido que nadie".

Ya sea que esté lidiando con el insomnio o limitando intencionalmente sus horas de descanso, la privación crónica del sueño lo hace más susceptible a la ansiedad.

Asegúrese de dormir de ocho a nueve horas cada noche. Desarrolle una rutina nocturna que le ayude a acostarse más temprano; por ejemplo, puede leer un libro o hacer algo relajante antes de acostarse. Cuanto más se prepare para una buena noche de sueño, mejor será la calidad de su sueño. Es menos probable que una mente descansada deje de lado los ataques de ansiedad.

6. Aprende a decir no

Especialmente si eres una persona empática, involucrarte en los problemas de otras personas solo empeorará tu ansiedad. Ser abierto y generoso con los demás es un regalo maravilloso, pero cuando lo haces a expensas de tu propio bienestar y te haces cargo de su negatividad, puede volverse extremadamente dañino. Dedicar todos tus recursos a los demás te dejará poca energía para lidiar con tu ansiedad y solo aumentará. Además, si te dejas influenciar demasiado por el juicio de los demás y permites que la opinión de los demás defina tu valía, serás una víctima muy fácil de los ataques de ansiedad. Esto no significa nunca ayudar a nadie, sino conocer sus límites y no tener miedo de decir "no" cuando sea necesario.

7. No te saltes las comidas

Si la ansiedad le provoca náuseas, la idea de comer se vuelve cualquier cosa menos atractiva. Pero saltarse las comidas en realidad puede empeorar la ansiedad.

Su nivel de azúcar en sangre desciende cuando no come, lo que hace que se libere una hormona del estrés llamada cortisol. El cortisol puede ayudarlo a desempeñarse mejor bajo presión, pero también puede hacer que se sienta peor si ya es propenso a la ansiedad.

El hecho de que tengas que comer no significa que te excedas al revés, por lo que no es excusa para excederte con el azúcar y la comida chatarra. El exceso de azúcar también puede provocar síntomas físicos muy similares a la ansiedad, como nerviosismo y temblores.

Incorpore más proteínas magras, frutas, verduras y grasas saludables en su dieta. Coma de cinco a seis comidas pequeñas durante el día y evite o limite su consumo de azúcar refinada y carbohidratos. Al nutrir su cuerpo, de la manera correcta, su estado mental también se beneficiará.

8. Tomar el control

A veces, la ansiedad se debe a sentirse fuera de control. No siempre puede estar a cargo de su vida, pero puede tomar medidas para identificar los factores desencadenantes y hacer frente a las circunstancias que le causan ansiedad.

Por ejemplo, si la idea de asistir a una fiesta o evento social te provoca ataques de ansiedad, en lugar de huir de la situación y evitarla, piensa en lo que podrías hacer para ganar más control. Podrías ir a la fiesta solo, con tu coche, para que sepas que puedes irte cuando quieras sin depender de los demás. Muy a menudo, estos pequeños pasos son suficientes para mitigar las preocupaciones.

Si es una situación escolar o laboral la que está provocando tus ataques, diseña una estrategia de escape: aunque nunca la implementes, es increíblemente beneficioso sentir que la situación está bajo nuestro control y podemos terminarla cuando queramos.

Dado que la ansiedad funciona mucho en escenarios hipotéticos, también haga una lista de todo lo que podría suceder si pone en práctica su estrategia, incluidos los peores escenarios. Junto a este último, escribe cómo podrías reaccionar para limitar sus efectos o (mejor aún) ser previsor y evitar que ocurran. Este es un ejercicio increíble para que vuelva a la tierra; muy a menudo, incluso puede darse cuenta de que lo peor que podría suceder en realidad no es tan malo como parecía en su cabeza.

9. Siga la regla 3-3-3

Este es un pequeño truco para aliviar los ataques de ansiedad, especialmente cuando ocurren en situaciones sociales. La regla es muy simple: siempre que sienta que se avecina un ataque de ansiedad, mire a su alrededor y enumere mentalmente tres cosas que vea. A continuación, enumere tres sonidos que escuche. Finalmente, mueva tres partes de su cuerpo: el tobillo, los dedos y un brazo. Siempre que sientas que tu cerebro está perdiendo el control, este simple truco mental puede ayudarte a conectarte al mundo real, devolviéndote al momento presente.

10. Aprender a meditar

Aparte de las palabras que leíste en este libro, ¿en qué estás pensando ahora mismo? ¿Está preocupado por una reunión que tendrá la próxima semana? ¿Está estresado por la idea de no lograr sus metas financieras? ¿O tal vez está obsesionado con no ser un buen padre, incluso si no tiene hijos?

Si respondió "sí" a cualquiera de estas preguntas, acaba de descubrir parte del problema. Y dependiendo de la gravedad de su ansiedad, también puede estresarse o culparse por los errores que cometió ayer.

No puedes controlar el futuro y no puedes cambiar el pasado, así que aquí toma este consejo: toma la vida día a día.

Esto no significa que no tenga que planificar o solucionar problemas, solo que debe aprender a vivir en el aquí y ahora. La conciencia del momento presente se puede lograr a través de la meditación. Por supuesto, estamos un poco sesgados en este último consejo, pero sepa que los efectos beneficiosos que tiene la meditación sobre la ansiedad han sido ampliamente probados por la ciencia. Intente meditar unos minutos al día y aumente la duración con el tiempo (puede aprender a través de nuestro curso en línea). ¿La mejor parte? Puedes hacerlo en cualquier lugar: en la cama, en tu escritorio o incluso de vacaciones. Para darle una vista previa de los beneficios de la meditación, aquí hay una breve meditación guiada para ayudarlo a controlar sus ataques de ansiedad:

7 CONSEJOS PARA AYUDAR A SU PAREJA

Cómo manejar la ansiedad: qué hacer 1

Hágale saber a la persona a la que desea ayudar que puede hablar con usted en cualquier momento que lo desee, de manera abierta y sincera, sin temor a ser juzgada. Es muy importante que sepa que estás ahí, que no quieres juzgarla ni cambiar su forma de pensar. Transmita el mensaje de que la situación que están experimentando no cambiará su afecto por ellos.

Cómo manejar la ansiedad: qué no hacer

¡Lastimarte a ti mismo! Recuerda que la ansiedad también actúa a nivel químico y por lo tanto aunque la persona sepa que su preocupación es exagerada no puede evitar estar agitado, no puede detener su agitación y aunque use el pensamiento racional para controlarla, sigue siendo muy difícil, si no imposible, parar.

Cómo manejar la ansiedad: qué hacer 2

Pase tiempo junto con su amigo tanto como sea posible. Estar con él es una ayuda mucho mayor de lo que imagina.

El tiempo que se pasa con los demás es el momento en el que es más improbable que se manifieste la ansiedad o que la persona piense en ello. El tiempo que se pasa en la empresa realmente marca la diferencia.

Cómo manejar la ansiedad: qué no hacer

Creando ansiedad (involuntariamente).

Cuando le preguntamos a una persona, por ejemplo, "¿cómo se presentan los ataques de pánico?" podría ser engañado accidentalmente para que piense en los síntomas del ataque de pánico cuando antes no lo pensaba y, por lo tanto, desencadenaría ansiedad.

Cómo manejar la ansiedad: que hacer 3

La ansiedad hace que la persona se sienta sola y perdida.

Saber que alguien está allí incluso con una llamada telefónica reduce los pensamientos negativos.

Cómo manejar la ansiedad: qué no hacer

Deja que tu ansiedad afecte al otro. Por lo tanto, asegúrese de estar trabajando en su propia ansiedad y estrés antes de ayudar al otro, porque la forma en que se siente puede tener un gran efecto en cómo se sienten los demás. Así que primero trata de deshacerte de tu ansiedad para ayudar al otro.

Cómo manejar la ansiedad: qué hacer 4

Perdonar. La ansiedad, como respuesta neuroquímica, puede hacer que las personas se vuelvan más irritables.

La persona ansiosa no siempre es capaz de controlarse a sí misma y mucho menos de controlar la ansiedad. Haz lo que puedas para perdonar. Hágale saber que incluso si no se portó bien, no romperá la amistad.

Cómo manejar la ansiedad: qué no hacer

Espere resultados inmediatos. Desafortunadamente, se necesita mucho tiempo para controlar la ansiedad.

Es muy importante comprender que curar la ansiedad puede llevar mucho tiempo, porque incluso si el camino es deshacerse de la ansiedad, puede tener mucho miedo de lo que puede esperar.

Cómo manejar la ansiedad: qué hacer 5

Actividades divertidas. Trate de permanecer al aire libre. Busque cosas que hacer que no impliquen beber alcohol (el alcohol puede empeorar la ansiedad). Mantente activo, el ejercicio en sí es un conocido remedio para la ansiedad.

Estas experiencias positivas pueden convertirse en nuevos recuerdos que ayuden a la persona a afrontar el estrés. Entonces, hagan lo que puedan para salir y hacer cosas juntos.

Cómo manejar la ansiedad: qué no hacer

Incrementa el sentimiento de culpa. Puede ser difícil, pero siempre hay que recordar que las personas que viven con ansiedad tienen dificultades para ir más allá de su propia mente.

Entonces, aunque esté haciendo todas estas cosas por él, es posible que no vea resultados y esta frustración, si se hace obvia, puede alimentar la culpa de la persona.

Cómo manejar la ansiedad: qué hacer 6

Siéntete orgulloso cuando mejore. Recuerda que la ansiedad también cambia tu forma de pensar, como se mencionó al principio, puede convertirse en un pensamiento cada vez más negativo, lo que hace que la persona también sea mucho más sensible a interpretar expresiones faciales negativas, asumiendo que estas enojado con ella.

Para ello debes tener mucho cuidado de resaltar tus emociones positivas, porque puede ser muy valioso.

Cómo manejar la ansiedad: qué no hacer

Perder la esperanza. La ansiedad es una condición tratable.

En cambio, la persona puede pensar que no lo es, y puede haber ocasiones en las que piense que podría durar para siempre, pero la realidad es que la ansiedad es quizás una de las condiciones mentales más tratables que existen en la actualidad.

Cómo manejar la ansiedad: qué hacer 7

Ser uno mismo. No es necesario cambiar quién eres, y la persona ansiosa tampoco querría cambiar. El hecho de que quieras buscar qué hacer y qué no hacer para ayudar a esta persona demuestra que eres una persona que tiene una buena influencia en su vida. Sea positivo, diviértase, esa es la persona que ama su amigo o familia.

Lidiar con la ansiedad es una batalla cuesta arriba. Y también requiere el apoyo de las personas que rodean a la persona porque puede generar ansiedad en los demás.

Sea siempre solidario pero no insistente. Siga estos pasos con cautela y haga que la persona siempre comprenda que usted está allí para apoyarla sin juzgarla, como se mencionó anteriormente. Asegúrele siempre que se puede ayudar y que la ansiedad es manejable y, en algunos casos, tratable.

Ayúdala entonces, nuevamente a través de su consentimiento, a buscar los lugares en los que pueda recibir el apoyo adecuado.

Obviamente, estos consejos se pueden implementar a nuestra manera, durante el tiempo que pasamos con la persona. Sin embargo, hay varios tratamientos que deben tenerse en cuenta.

Medicamentos que se dirigen específicamente a la ansiedad, algunos son para el manejo a largo plazo del trastorno, otros para el alivio casi inmediato de episodios más agudos.

La psicoterapia es extremadamente útil para educar al paciente sobre lo que está sucediendo y enseñarle métodos y ejercicios antiestrés para hacer frente a los síntomas. Por ejemplo, las técnicas de respiración pueden reducir la gravedad de los episodios de ansiedad aguda.

Muchos pacientes se benefician de las técnicas de yoga y meditación. Estas actividades te permiten enfocar tu mente y lograr la calma interior, y lograr esto puede ser un antídoto para la ansiedad.

CONCLUSIÓN

La ansiedad puede ser un enemigo difícil de vencer, pero con las herramientas adecuadas, una correcta asesoría, educación y conocimiento sobre el tema, todo esto te ayudará a empoderar y cultivar la conciencia necesaria, podemos recuperar el control de nuestras vidas. Empieza lenta y progresivamente a integrar estos consejos en tus días, empezando por los que te sientes más cercanos, te darás cuenta de lo maravilloso que es el contacto con el mundo que te rodea.

¿Cómo manejar la ansiedad?

Ésta es la pregunta que frecuentemente se hace la persona que lucha contra este trastorno. La sintomatología típica de las personas ansiosas, muy a menudo, es invalidante no solo para quienes la experimentan en su propia piel sino que, en consecuencia, también repercute en familiares y amigos. En ocasiones, a partir del sufrimiento y el malestar que manifiesta la persona ansiosa, los familiares quieren ayudar a la persona a aliviar este sufrimiento. Lo que sucede en estos casos es que "armado de buenas intenciones" corre el riesgo de sufrir los peores efectos. Entonces qué es posible hacer concretamente y, sobre todo, qué no hacer para evitar, sin querer, agravar el problema.

La ansiedad es una condición que puede cerrar a la persona a las relaciones sociales. Para los amigos y familiares de las personas con ansiedad, esto puede ser un verdadero desafío diario. Tienes el deseo de lidiar con su condición, pero no sabes cómo ayudarlos. Aún así, nadie sabe qué se les puede decir para ganar esta pelea. A continuación, repasaremos 7 consejos para ayudar a sus familiares y amigos ansiosos. Es importante tener siempre en cuenta que, como enfermedad mental, necesita un tratamiento específico.

Primero, es importante comprender lo que significa vivir con ansiedad.

Por ejemplo, cambia la química del cerebro de una manera que crea pensamientos negativos, lo que reduce la capacidad de pensar positivamente y, a su vez, dificulta el control de la ansiedad.

No solo eso, la ansiedad puede dar lugar a posibles síntomas, que se sienten de forma mucho más clara y perturbadora. ¡Entonces la ansiedad patológica no es solo nerviosismo y sudoración!

Además, la ansiedad hace que las personas que la padecen teman a la propia ansiedad, convirtiéndose en un círculo vicioso e influyendo en diferentes ámbitos de la vida invadiendo todas las situaciones en las que nos encontramos.

Por ejemplo, si está ansioso en situaciones sociales, puede sentirse ansioso por muchas otras cosas.

Entonces, cuando alguien comienza a temer su ansiedad, puede desarrollar nuevas ansiedades o encontrarse en otras situaciones que le causen ansiedad. Entonces, paradójicamente, ¡cuanta más ansiedad sientas, más ansiedad tendrás!

Para familiares y amigos: ¿cómo manejar la ansiedad?

Si tienes amigos o familiares que sufren de ansiedad y quieres ayudarlos, empieza por olvidar todo lo que crees saber sobre la ansiedad.

Si nunca ha sufrido de ansiedad, es extremadamente difícil sentir empatía. Además, puede ser difícil entender por qué sucede y cómo sucede, porque es muy diferente a la ansiedad normal que se experimenta a lo largo del día.

Aun así, es posible que muchas personas ni siquiera se den cuenta de que padecen trastornos de ansiedad. No tema hablar con su ser querido sobre esto. Al hablar sobre lo que observas en él, podrías darle información sobre cuánto podría haber desencadenado la ansiedad. Esto se convierte en un punto de partida, también para pensar en estrategias de afrontamiento que podrían implementarse. Quienes conviven con personas ansiosas sienten el deseo de encontrar formas de controlar la ansiedad.

Siempre hay que tener en cuenta que cada persona es diferente y por tanto tiene necesidades distintas. Hay personas que quieren hablar de sus ansiedades, hay otras que no quieren, quizás porque les da vergüenza. Entonces, en este caso, sería difícil entender lo que debe o no debe hacer. Por ello, siempre es fundamental esperar al otro, para entender cuál es la situación que le incomoda lo menos posible.

CPSIA information can be obtained
at www.ICGtesting.com
Printed in the USA
BVHW031006100621
609271BV00001B/34